曳家岡本

口伝

構造から直す
本気の住宅再生

曳家岡本
岡本直也［著］

はじめに

曳家には大きく分けて2つの流れがあります。

ひとつは、重量物を動かす「重量とび職」から派生した「重量とび職系曳家」。もうひとつは、かつて「曳大工」と呼ばれた、宮大工、舟大工などと同様に大工から派生した「大工系曳家」です。

　どちらが上という話ではありません。それぞれに特性があるということをまず知って下さい。

「重量とび職系曳家」は、鉄道用の1m当たり25kg～50kgの大きなレールを使うことで、大型建造物や重いRC造の建物を比較的容易に曳家します。近年ではRC造の建物を含めて基礎下を掘り込み、基礎ごと曳家することも増えています。こうした場面で活躍するのが「重量とび職系曳家」なのです。

　一方の「大工系曳家」は、山林トロッコ列車用の1m当たり6kg～9kgの小さなレールを使います。そのため重い建物を苦手とします。その代わりに全ての工具が小運搬に適しているので、大きなユニック車が進入できない狭小地での施工などで重宝されるのです。また根継ぎや家起こしなど、大工と相談しての修復工事でも活躍するのが「大工系曳家」です。

　自分は高知県の出身です。高知県は昭和21年に発生した昭和南海大地震からの復興のために、大工から曳家に転向した者が多く出た土地です。自分の父親である先代も元々は大工でした。あまりにもジャッキを使う仕事を依頼されることが多く、また当時は大工が多く過当競争から逃れるために専業曳家の道を選んだそうです。

もっとも昭和27年に電車通りの道路拡幅に伴って四国銀行 上町支店（ＲＣ）が曳家された際には、まだ20歳でしたが工事に参加したと言っていましたので、元々、曳家に興味があったのでしょう。

先代は、最盛期には25名もの人工を使う「大親方」でもありましたが、息子の自分はスケール感の乏しい「自分の目が届く範囲でしかできない」狭量な職人になってしまいました。とほほ…。

「この建物は下手にいじるとかえって弱くなるから、このまま固めてしまいましょう」という大工や建築士がいます。そういう方たちは柱が斜めになっていると建物と真っ直ぐに建っている建物、どちらが強いか分からないのでしょうか。そんなはずはありません。小学生でも分かることですから。

そういうこと言っている方たちの多くは勉強もせずに、道具も持っていないから、そうした言い訳で逃げているだけではないでしょうか。直せる方法はある。ただし費用もかかります。

本書を通じて大工や工務店、建築士の皆さまの選択肢が少しだけでも広がることを願います。

曳家岡本　岡本直也

曳家岡本

口伝

構造から直す 本気の住宅再生

曳家岡本 口伝
構造から直す本気の住宅再生

見せかけの住宅再生ではなく、

構造から直す住宅再生とはどうあるべきなのか──。

曳大工の仕事の内容や技術などの紹介を通じて、

曳家岡本が考える「本気の住宅再生」について述べさせて頂きます。

傾いている建物の状態をイメージする

構造から本気で住宅を再生するのであれば、まずは不同沈下の有無や柱が斜めになっていないかなどを確認する必要があります。とくに古民家を再生する場合、不同沈下や柱が斜めになっていることは当たり前だと考えるべきです。

しかし、不同沈下や柱の傾斜の修復について、「壁を膨らませ、床や敷居の高さを調整して上手くごまかすことが大工の腕の見せ所！」と勘違いしている方がかなりいます。それは間違いです。建物は真っ直ぐに建っていてこそ、屋根や壁の荷重を正しく受けることができるのです。

それを「ごまかすだけで良し」としてしまうのは、傾いている状態の建物をイメージできていない証拠です。

イメージが出来ていないことで起こるトラブルを「電気」を例に説明します。建築現場などでも曲がりくねったケーブルにいくつものコンセントを差し込んでいる状態をよく目にします。例えば電動ハンマーと丸鋸を同時に使ってはブレーカーが落ちたりします。

電源ケーブルの中を流れる電気は目に見えません。見えないからこそ、無限に使えると勘違いしてしまう。

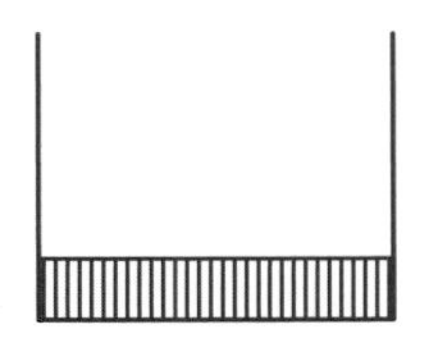
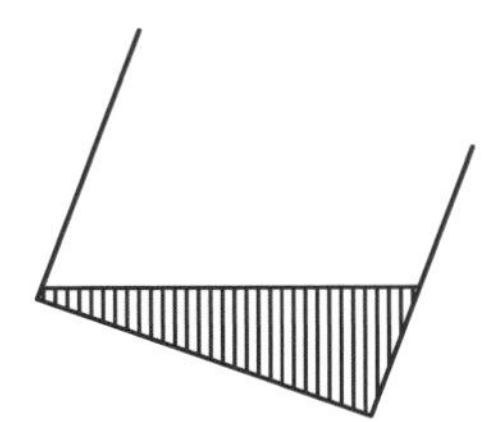

水は常に水平になります。
建物が斜めになると斜めになった側に荷重が集まります。

実際には通常1回路から採れる電気容量は1500Wです。それなのに、1050Wの電動ハンマーと、1200Wの丸鋸をタコ足配線して同時に使うと、容量オーバーでブレーカーが落ちます。

さらに言うと、電気を水に置き換えてイメージしてみましょう。曲がりくねったホースでは水の流れは悪く、きれいに真っ直ぐ伸ばせばスムーズに水は流れます。

このように、見えないものをイメージできれば理解は進みます。傾いている建物に話を戻しましょう。次のように想像してみてください。

熱帯魚を飼うような四角の水槽の下の方に、5cm程度まで水を入れます。それを斜めに傾けていくと、どうしても片側に水が集まることになります。これを荷重の偏りと捉えると分かりやすいのではないでしょうか。柱が傾いている建物は、この水槽と同じ状態です。建物の荷重に偏りが発生しているので、非常に不安定な状態にあるのです。その状態のまま見た目だけをキレイにしていく―。そういうことが多々行われているのです。

傾いている側の重さをイメージする

よく「1000分の5の沈下までは許容範囲である」と教えられます。これは「1m（1000㎜）に対して5㎜までの傾きは許容範囲ですよ」という意味です。

では、どれくらいの傾き具合から許容できなくなるのでしょうか。1000分の6からは瑕疵保険などの対象になるわけですから、当然よろしくない。1000分の6という傾きの中で生活することで気分が悪くなる、肩こりがする、最悪の場合、脳梗塞を起こす懸念があるといった報告もあるそうです。

現場レベルで「これはまずいなー」と思うのは1000分の15を超えた状態です。正直、1000分の10までは、ジャッキをセットすればスルスルと揚げることができます。

しかし、1000分の15を超えると、特定の場所への荷重が集まっている状態（前述した傾いた水槽の水の集まり具合を頭に描いてください）が顕著になるのです。

1000分の15を超える傾斜が発生している建物でジャッキを押していると、「無理すると土台をへし折ってしまうな…」と感じます。そういう時にはジャッキの数を増やして対応します。

自分の経験では、最大5倍ものジャッキのポイント数を増やすことになります。そ

建物が傾くと自転車で坂道を登っているような負荷がかかっています。
©石井さだよし　星野茂樹

うしないと、土台揚げなら土台が、基礎と一緒に揚げるなら立上がりが割れる危険性が増します。

本当に荷重は正直です。あれほど重かったものが水平になってくると、5台のジャッキが順番に軽くなり、1台ずつ不要になっていくのです。

ある時、大工さんにジャッキで建物を水平にする作業を手伝っていただきました。1000分の15よりも遥かに沈下量の少ない現場でしたが、その大工さんは水平に戻ることで軽くなることに驚き、その後、会う大工会う大工にそのことを説明していました（笑）。

自転車で平地を走るのは快適です。少しだけ坂道になると、まあまあ辛い。もっと傾斜のきつい坂道いなると、立ち漕ぎでも足の筋肉がプルプルと痙攣しはじめます。建物が水平になるとジャッキが軽くなるのは、これと同じ理屈なのです。

傾いている建物の状況を明確にイメージできていないと、「床を貼り換えれば良い」となるのでしょうが、その状況をイメージし、可視化できている我々には、今にも倒れそうな様子が見えてしまうのです。

代表的な沈下修正工法

現在、主流となっている沈下修正工法の概略を解説しておきます。

参考金額は、1階22坪2階も同じ面積の木造住宅で、最大沈下量が1000分の12。約10㎝としました。

また施工環境は外周に50㎝程度の通路があって、また資材を降ろした後のストックヤードが普通自動車2台分確保されていることを前提とします。

出張費は含みません。

鋼管杭圧入（アンダーピニング）は、作業の8割がトンネル掘りという過酷な工事です。手作業でスコップを使って家の下を掘っていきます。

1 鋼管圧入（アンダーピニング）工法

参考金額：約1000万円

基礎ごと持ち揚げる工法です。建物の下に幅1m、高さ1m程度のトンネルを掘って、およそ1・8m間隔で基礎底板にて建物の荷重を反力として、地中に鋼管杭を押し込んで行き、建物と接する部分にはジャッキをセットできる支持台を設置します。

岩盤層もしくは、N値10を超える安定した層に到達させ、建物を持ち上げる支持力を確保し、建物を水平に矯正します。

長い杭はトンネル内には持ち込めませんのでおよそ60㎝～75㎝程度ごとに繋いでゆきます。

このジョイント方法も溶接、ソケット、ネジ式など施工内容には各社で大きく違いがあります。

再沈下を防止するのに有効な工法となります。

©石井さだよし　星野茂樹

2 耐圧板工法

参考金額：約600万円

同じく基礎ごと持ち揚げる工法ですが、鋼管杭を打つまではしません。基礎底板の下に50㎝×50㎝～60㎝、厚み12～20㎜程度の鉄板（耐圧板）を敷いて、その上にジヤッキをセットできる支持台を設置して持ち揚げる工法です。

基礎底板の重さで耐圧板は一旦下がりますが、何度か繰り返すうちに締固められます。安定して持ち揚がるまで、建物荷重を反力にして地盤面に鉄板（耐圧版）で圧力をかけます。

見た目は鋼管圧入工法と同様の仕上がりとなりますが、反力が担保されていませんので、地盤によっては再沈下の可能性があります。

基礎ごと持ち揚げるため小型重機で周辺を掘削する

「架台」と呼ばれるロックを掛けることの出来る箱を埋めころす。この「架台」はいくつかの業者が製造している。鋼製束の4脚版と考えるとイメージしやすいかも。

「架台」の下には反力をとるために鉄板もしくは、コンクリート平板を敷く。

ジャッキアップが終了すると、GLと底板の間に出来た隙間に充填する。

3 薬液注入工法

参考金額：約500万円

地盤に瞬結性の薬剤を注入して、その薬量に応じて地盤の質量が増えて基礎ごと持ち揚げる工法です。べた基礎のみの対応となります。

沈下している側に小型ボウリングマシンを使って斜打ちし、N値を高める地盤改良工事を行いながら建物を持ち揚げます。

この工法も岩盤層や支持層から地盤改良をしながら持ち揚げるのが理想です。しかし支持層が深いと使用する薬剤量が多くなるため、一般的にはGLから3m程度の深さから改良しています。

木造建築の場合はおおよそ2mで反力がとれますから、この対応策で大丈夫な場合がほとんどです。

これらの工事ではアルカリ性の薬剤とグラウド剤を使うことが多いです。

こうした薬剤を使う場合、薬液が水脈を通ってお隣の家を持ち揚げてしまったり、擁壁を動かしてしまったり、井戸水が出なくなったりという事故もあるので注意が必要です。

また、水ガラスを使用するJOG工法というものもあります。

こちらは台湾の地下鉄開業時のビルやクライストチャーチの沈下修正、熊本地震で被害を受けた大型ショッピングモール等で利用されています。

4 サイドピニング工法

参考金額：約400万円

建物の外側に打ち込んだ鋼管杭の先端にフォークリフトのような爪が取り付けられた道具で持ち揚げる工法です。べた基礎のみ対応できます。基礎底板にトンネルを掘る作業をカットできるので、施工費用を抑えられます。ただし、外から爪で持ち揚げるので、建物に充分な剛性がないとたわみが出ます。

逆に、軽い建物や塀などを直すことに特化したヘルカルピア工法というアメリカの特許工法もあります。

日本では、長野県にあるヘリカルジャパンが代理店として施工しています。

建物の荷重を反力として押し込むわけではなく、機械を使って貫入させるので先端が支持層に届いているかを確認が出来ます。

なお、外周からのみの施工となるので、建物に充分な剛性が無くてはたわみが出ます。

5 発砲ウレタン工法

参考金額：約500万円

凍土の国であるフィンランドにあるウレテック社が開発した基礎底版とGLの間に発砲ウレタン材を注入して、基礎ごと持ち揚げる工法です。

基礎底版に10円玉程度の穴を削孔しておいて、そこから注入をします。

正月に食べる丸い餅が膨らむように、基礎下でウレタンが膨れる力を利用して建物を持ち揚げます。ホームセンターや工場内で重量物を繰り返し運んでいたために下がった土間を持ち揚げる際などにも利用されます。

「施工期間が短い」、「工場などで設置してある機械をほぼ移動することなく修正工事が行える」といったメリットがあります。

6 土台揚げ工法

参考金額：約300万円

土台と基礎を切り離して持ち揚げた後に、アンカーボルトの再緊結を行い、基礎補修をする工法です。

昔からある工法で、かつては曳家が行っていましたが、近年は沈下修正業者が施

基礎と土台を切り離して持ち揚げる工法。建物の自重で充分な転圧が出来ている（一般的には築9年以上の経過で収束している）場合、基礎ごと持ち揚げないことから、地盤と基礎の接地面がそのまま保全されるので安定感がある。逆に地盤沈下が進行中である場合は推奨出来ない。

工することもあります。

　他の工法と違って、この工法のみがアンカーボルトを一旦切断、もしくは取り外すので地震や沈下による上部構造の歪みや、敷居や土台の抜けを直すことが可能です。

　また、症状によっては部分的に下げることが出来る点も他の工法には無い特徴です。

　しかし地盤改良を伴うものではありませんから、再沈下に対する補償が付きません。

　建てて9年以上が経っていて、建物の自重で充分な転圧が出来ていて地盤が落ち着いていることを前提とします。

　また追加予算が可能な場合、薬液注入工法との併用も検討すべきです。

敷居より上で掴んで持ち揚げる。これにより土台の取り換えや基礎の造り換えが可能になる。

7 上腰工法

参考金額：約400万円（解体費用等除く）

曳家は建物を移動させる際に、土台ごと持ち揚げることを「下腰工法」と呼びます。土台揚げ工法はこの技術の中に含まれます。

逆に土台が存在しない社寺や石場建てを柱を掴んで敷居より上部で持ち揚げる工法を「上腰工法」と呼びます。

壁や床を解体して一旦撤去しないといけないデメリットはありますが、この方法を使えば据え付ける基礎に鋼材を抜くための開口部を造ったりすることが不要で、ほとんど新築同様の基礎を造ることが出来ます。

耐震性を重要視しないといけない場合には強くお薦めします。

本書では主に、6の土台揚げ工法と7の上腰工法の延長線上の技術をお伝えしていきます。

ちなみに、全ての工法で共通していますが、各業者で施工品質のばらつきがあります。

推奨手順を策定されている「一般社団法人 建物沈下修正業者連合会」という団体があります。

どの工法で、どの業者に依頼すべきかも含めて相談出来ます。

実は当職も賛助会員として参加させていただいてます。正会員になれないのは地盤補強を伴う工法でないため、再沈下補償が付けられないからです。

それでも他の工法の方が出来ない部分の担当として隅っこに座らせていただいています。

前作も含めて、こうした著作やブログを書いてるので、実は当職個人にもご相談いただくこともあるのですが、実務者である以上、第三者視点でのフェアな意見が言えません。特に行政や弁護士の皆さまは「建沈連」のご利用をお薦めします。

「危険な組み方」

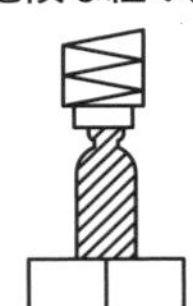

設置したジャッキの高さが足らなかった場合に安易にジャッキ頭に楔や木を重ねてはいけません。
重ねれば重ねるだけ僅かな接地角度の悪さで転倒します。

「土台底部を傷めないよう配慮する」

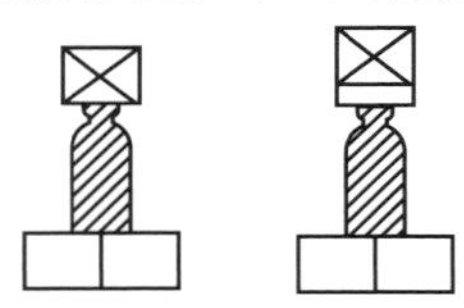

家を持ち揚げるためにジャッキ頭に何かを入れる場合、土台を傷めないようにするために樫板や鉄板を入れるに留めることが基本です。

「水切りと基礎梁も傷めないようする」

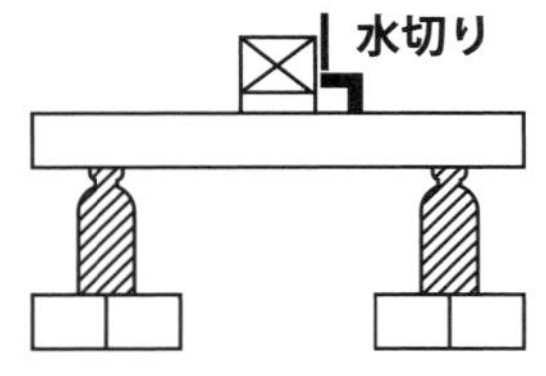

基礎梁の開口斫り部分を少なくするために、鉄板でブリッジにして土台の内外でジャッキをかけます。
この方法は、基礎梁の横筋を切らなくて済むことも多く、少しでも強度を担保出来ます。
そして、ブリッジの頭には水切りを傷めないように詰め物をします。
これはコンパネの切れ端を重ねる程度でも対応できます。基本は土台より少しだけ幅広のものを使うということです。

基本となるジャッキの掛け方をイラストで解説してます。
実際には施工環境によってはこの通り組むことは出来ない場合もありますが、
それでも基本は少しでも広く接地圧をとることと、枕木の真ん中にジャッキを設置することです。
また片側に塀などがある場合は枕木の端部をそれにピッタリと充てて組むだけで枕木の揺れ防止になります。

「基本となる枕木の組み方」

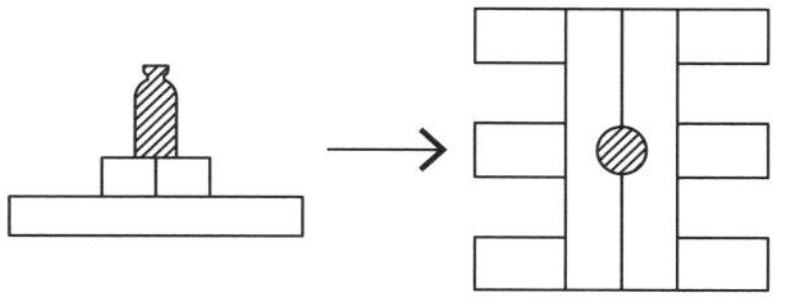

基本中の基本、水平な地面に井形に組んだ枕木の真ん中にジャッキをセットしています。
全体で荷重を受けますのできれいに対象物（建物）を持ち揚げることが出来ます。

「イモ組み」

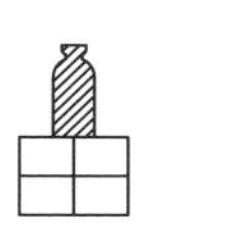

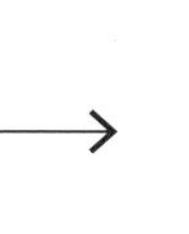

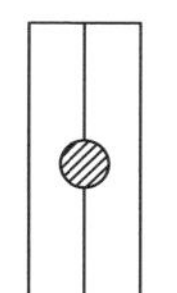

設置環境が悪く井形に組めない時にやむを得ずすることがありますが、これは「イモ」です。自分たちは「仕方ないからイモで組む」と言います。
井形に組まれてませんから、接地圧だけでなく横揺れに対しても弱いです。

「芯が採れていない組み方」

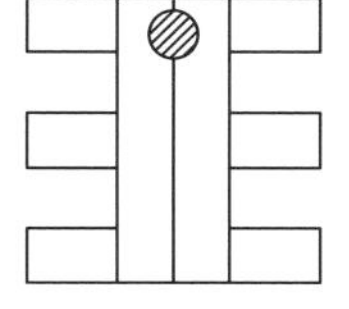

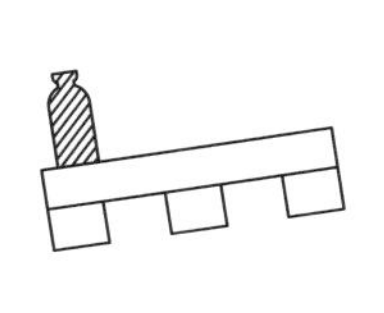

作業環境によっては、井形に組んだ枕木の端にジャッキをかけなくてはならない場合もあります。
このままジャッキに負荷をかけても図のように片側に沈みます。例え接地面が固いコンクリートであったとしてもです。
このような場合はジャッキを設置した反対側にもシンメトリーになるようにジャッキを掛けます。
上部に建物が存在しない場合は、そのためだけにＨ鋼を延伸したり、色々な細工をして荷重を片側のみで受けることのないよう細工します。

「斜めの場所での枕木の組み方」

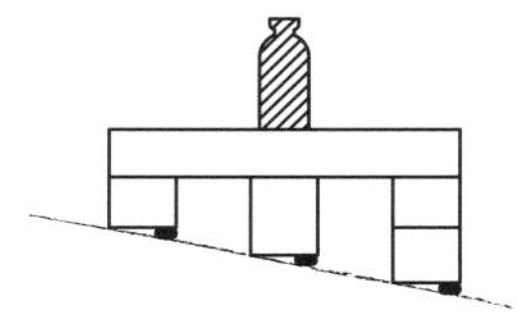

実際に施工していると斜めの接地面に枕木を組まなければならない場面に遭遇します。

この場合も出来る限り接地面を確保しなくてはいけません。

相手が土であれば掘って平にしてしまえば良いのですが、厚いコンクリートで、しかもお隣のお家に工事期間中のみ枕木を組んでいる部分であれば、なるだけ傷めないようにしなくてはなりません。

よく見かけるのは、両端にそれぞれ高さの違う枕木を置いてその上に井形に組んで水平をとっている例です。

しかし実際には斜めになったコンクリート表面に枕木をそのまま並べると斜めになります。そこで使い古しの軍手やベニヤ板を詰めて水平を造ります。

「頭悪すぎ組み」

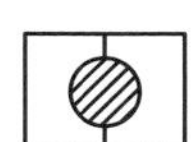

これはDIY系の投稿画像でよく見かけるのですが、ジャッキの設置位置の高さを調整するためだけに木っ端を下に敷いている例です。
荷重が木っ端底部のみに集中しますので、よほど軽いものでない限り、ジャッキが揚るより地盤にめり込んで下がります。
また接地圧を充分にとっていないため、揺れたり、ジャッキが斜めになり転倒しやすくなります。

接地圧について考える

「何ごとも基礎が大事」と言われますが、建物も同じです。基礎がしっかりしていなければ、その上にどんなに立派な建物を建てたとしても地震等で簡単に倒壊してしまいます。

一般的に基礎は配筋量で強度を測ります。また、基礎は固い地盤の上に作られることでその性能を発揮できます。

土の締まり具合や強度を求める基準となる数値を示すN値というものがあります。最近ではN値6～10程度以下の場合、新築の家を建てる前に地盤改良が必要になります。

実はほんの20年前まではN値3でも「地盤改良の必要無し」と判定されていました。昭和40年頃の住宅は、押し入れや床の間などがあって、現代の住宅より柱が多く、荷重が分散されていました。だからこそN値3程度も「地盤改良の必要無し」と判断されていたのかもしれません。

最近の住宅では、「柱を抜くことが腕の見せ所」とばかりに、柱の無い広いリビング空間を実現するために建築士さんたちは苦心されているようです。しかし、1本の柱を抜いたことによって、その左右にある柱に振り分けられる負荷を考えると、柱を減らすことが必ずしも良いことだとは思えません。1本の柱を減らせば、他の柱が負担する負荷は増えます。その分だけ地盤補強も必要になるということです。

２０１５年頃に佐藤実先生の「構造塾」を受講させていただきました。この時、すごく印象に残った話があります。それは、「本来、屋根と2階部分の重さも受けている1階の方が柱の数が多くなくてはおかしい。しかしリビングを1階に作って、子ども部屋などを2階にするので、2階の方が柱の本数が多くなるのです」というお話です。

工務店の営業の方々の中には受注を取りたいがために、お施主さんの要望ばかり聞く人もいます。この本を読んでくださったうちの何人かでも、正しい荷重の流れ方について考えるきっかけを掴んでくれたら嬉しいです。

余談ですが、「構造塾」ははじめの1年間の基本編はなんとかついていけたのですが、計算式が多くなる2年目から脱落してしまいました。

さて、基礎と言えば接地面も大事になります。ベタ基礎の場合、基礎全体で建物の荷重を受けとめますが、布基礎や独立基礎の場合は接地面が少なくなるので、より柱を減らすべきでないと思っています。

さて地盤補強については、この20年ほどで建築工事における「必要な工程」として急激に認識されるようになりました。

新築の着工数が増えていた時代、粗製乱造された新興住宅地があちこちに出来ました。なかには「秋住事件」などに代表されるような、充分な地盤改良を実施しな

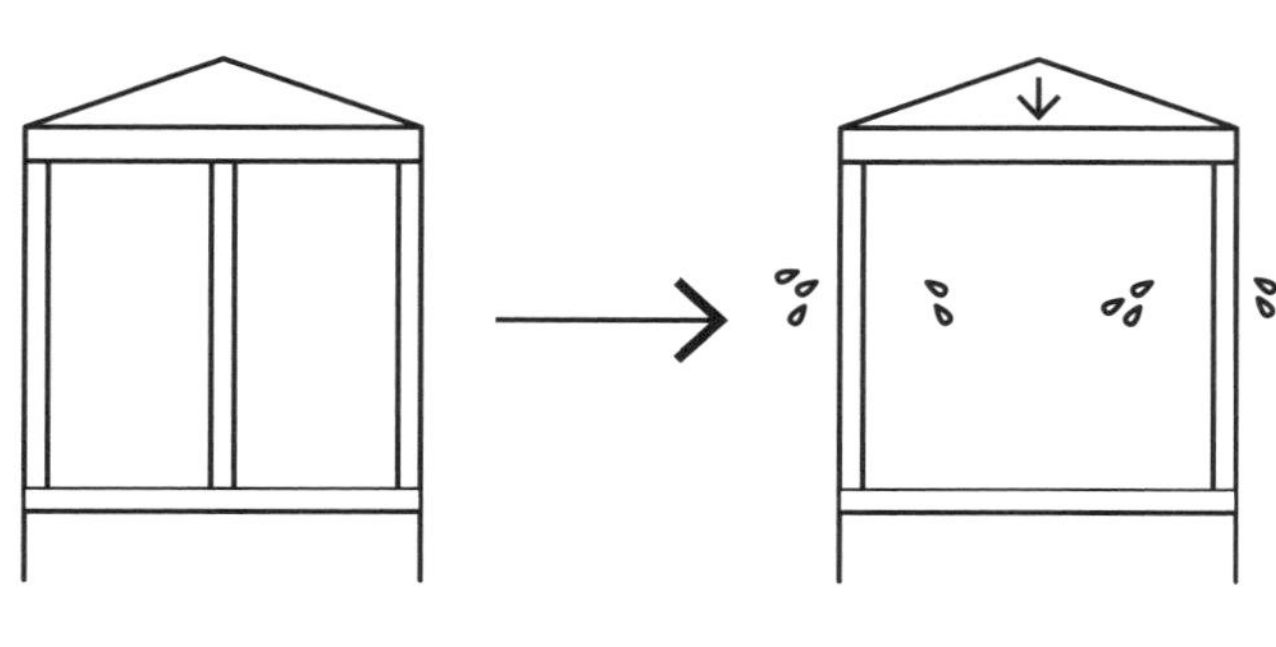

大きな梁や後足しの梁を抱かせたからと柱を減らせるという考え方が、かつては多く見られた。しかし1本の柱にかかる荷重が増えることで沈下が起きる。

いままで住宅を建築してしまったために、沈下事故が起きてしまった土地は少なくありません。この「秋住事件」は、「住宅の品質確保の促進等に関する法律」が制定されるきっかけにもなりました。

沼地のような土地や高い擁壁を造って擁壁側に盛り土をしている造成地などのなかには、経年により圧密沈下している住宅地もたくさんあります。

それにも関わらず、今でも地盤に問題を抱えている場所に建った住宅の柱を「経験と勘」だけを頼りに、抜いてしまう工務店もいます。

自宅をリフォームする際、リビングを広くするために３本ある柱のうちの真ん中の１本を抜きたいとします。そのまま抜いてしまうと梁が折れてしまう心配があるので、梁を足して厚くすること（梁を抱かせると言います）でたわませない細工をしてから、柱を抜いている工務店も少なくありません。

ここでよく考えてください。抜いた柱が支えていた荷重は消えたわけではなく、今も存在しています。その荷重を残された２本の柱が、１・５本分づつ負担することになるわけです。その結果、地盤にも新しい負荷がかかります。

前述した建物の荷重と同じように、地盤という「見えないもの」に対する想像力の有無で施工品質が変わるわけです。

高知県の工務店さんから依頼されて沈下修正工事を行った時の話です。お施主さんが嬉しそうに「こちらの○○工務店さんは、本当に無理を聞いてくださって…。ここにあった柱が邪魔でどうしても抜いて欲しいとお願いしたら、梁の下に鉄骨を入

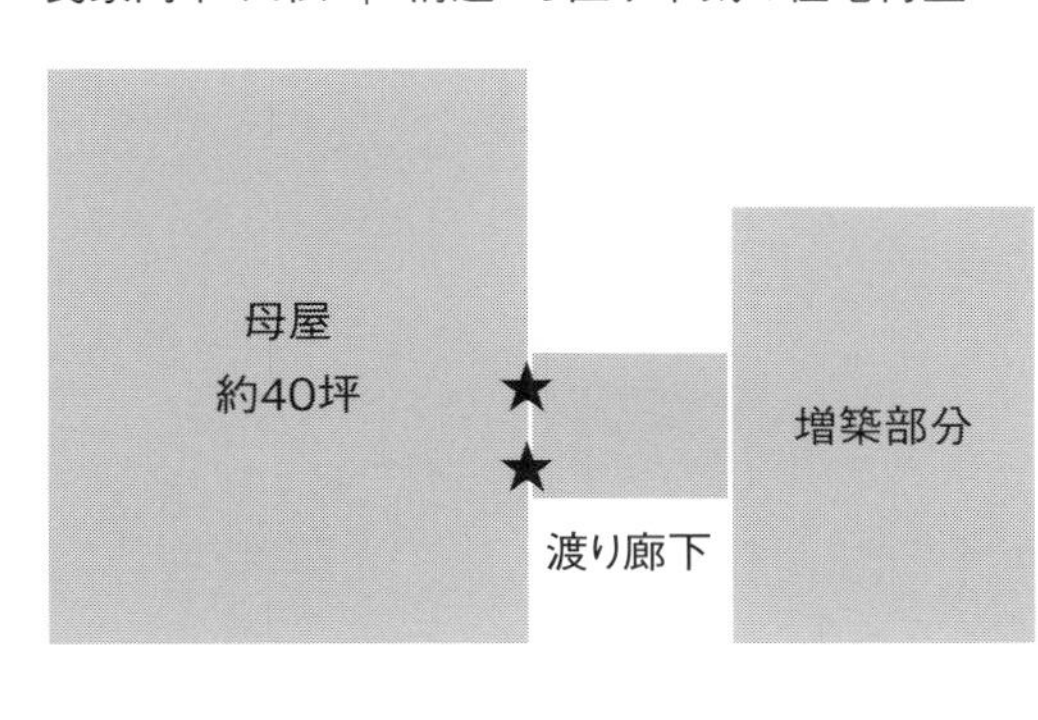

★印マークの部分にあった柱を渡り廊下施工のために抜いた結果、連結部分が陥没しはじめた。

れて、柱を抜いてくれたんですよ！（笑顔）」と話していました。だから、1本の柱への負荷が増えて沈下したのだと思うのですが…。

別の事例についても紹介します。そのお宅は40坪ほどの立派な百姓家でした。母屋から2間（3・6ｍ）ほど後ろに新築を建てて、地元の大工さんに幅1間の渡り廊下を作ってもらったそうです。その後、新築側に母屋が傾き始めました。見ると、廊下の開口部を造るために柱を2本抜いたように見えます。そして尋ねるとその通りでした。

「もともとあった3本の柱を2本抜くと、残りの1本が頑張って重さを受け止めます。しかし、そのうち重さに耐えかねて沈下するのです。それに伴ってまわりの荷重バランスが崩れていきます。その結果、母屋が新築側に全体で60㎜ほど傾いたのでしょう」と説明させていただきました。

「連結部分周辺を解体して、柱を入れ直して。そのうえで全体の傾きを直すべきです」と提案しました。しかし、キッチンリフォームを進めている真っ最中で、しかも工事は終わりに近づいていて床も貼り換え、システムキッチンが搬入されたばかり。

そして、この床下のみ土間を打ったため土台から下は10㎝程度しかないので、進入出来ません。もし沈下修正工事をするなら、ここも一旦、解体するしかありません。

他のオリジナル部分もGLから土台下が10㎝しかなく、床下の土を掘り出して、床下での作業スペースを作るところから工事を始めないといけません。

弊社としては、解体+柱の入れ直し+沈下修正工事（木工事別）で税込み570万円という見積もりを提出しました。しかし、お施主さんからの連絡はなく、福岡で別の工事をしていました。

そして、2023年5月、各地で震度5クラスの地震が発生しました。通常、現地調査を実施し、見積りを提出した後にお施主さんからの返信が無い場合、一切連絡しません。しかし、弊社の堅田部長に「親方、もしなにかあった時に『あの時、言っておいたら』と後悔するくらいなら、ここは（営業電話と思われる）恥に耐えて連絡したらどうですか」と言われて、お施主さんにメールを打ちました。

「ご無沙汰しております。曳家岡本です。先ごろのお見積りの件ですが、近ごろ地震も多いため大変心配しております。もし弊社にご依頼いただけなくとも、沈下修正工事をされなくても、どうぞ柱だけはなるべく早く入れられることをお薦めします。」というメールを送りました。

いやーカッコ悪い。それでも誠意が伝わったのか、返信いただきました。

1通目は「まだ迷っております」。2通目は「自分らの年齢を考えるとあまり大きな出費を控えたく施工は諦めることにしました。柱は入れます」という返信でした。

「それだけでもかなり変わります。必ずジャッキで土台と梁の間をきつく持ち揚げておいてから柱を入れて貰って下さい」というメールを送りました。また、「下地のような柱を入れて貰わないように」とアドバイスさせて頂きました。

まだまだ世の中には地盤と上部構造の一体設計という考えが一般化していないのだな、と残念に思いました。参考までに実際の見積もり金額を次の頁に掲載しておきます。

【実施諸経費】

1：運搬費（千葉県いすみ市（東金IC）～静岡県浜松）	¥120,000—
2：工具積み込み積み下ろし人件費	¥100,000—
3：工具損料（1日@20000×25日 ジャッキ60台含む）	¥500,000—
4：コンクリート接着剤	¥20,000—
5：鋼製束	¥20,000—
6：諸材料経費（簡単な、養生材含みます）	¥50,000—
小計②	¥810,000—

1：移動費高速料金（千葉東金IC～浜松IC @8220×2（往復）×1台 （1台は輸送トラックで移動します）	¥16,440—
2：移動日 ガソリン代	¥10,000—
3：移動時人件費@12500×3名×2（往復）	¥75,000—
4：宿泊費@6000円×3名×30泊	¥540,000—
5：市内通勤交通費（ガソリン代）	¥20,000—
6：諸経費	¥100,000—
小計③	¥761,440—

合計	¥5,271,440—
税込み合計金額	¥5,798,584—

契約時に40％工事終了後2週間以内に残金のお支払いをお願いしております。
この工事を施工するにあたって、以下の工事が別途発生いたします。
1キッチン部分の修復
2解体部分の修復
3基礎立ち上がりの刷毛引き（上塗り）
4給排水の取り直し
5ガス管？
6廃材処分費

その他、弊社の沈下修正工事以外の付帯工事
可能性としては、お家を持ち揚げる際に、壁、外壁に少し亀裂が走ることがあります。
また襖やサッシの建付けの調整などが必要になります。
※工事開始して5日程度は、電動ハンマーで基礎を斫りますので、うるさいです。
※その間、粉塵がある程度は出ますゆえ、簡易な養生はいたしますが、粉塵が入りこんで困るもの（電気製品など）は2階に上げておいて下さい。

母屋の柱を2本抜いたために傾いた事例の見積もり

ピアノ後方からの施工範囲とさせていただきます。

1. キッチン部分の解体と連結廊下部分の解体を予算に入れてさせていただいてます。キッチン部分の床は剥がさないとどうしてもきれいに直せません。それ以外の部分は出来る限り解体を少なくしたいですが。これは剥ぐってみないと全ては判りませんゆえ、探りながらの工事となります。

2. アンカーボルトの切断もしくは斫り出し、再緊結作業は発生しない場合もあります。その場合は見積もり金額より値引きさせていただきます。

3. 基礎パッキンが挿入されている部分が見えますが、これらは劣化もありますので新品交換とします。

4. 基礎を斫りましたコンクリートガラがおそらく2トン程度は出ます。これは、土嚢袋に入れて外に出しますが。処分の方は****の方でお願いいたします。お話した通り、地元の方が地元の自治体の処分場に持ち込むとたいへん安価に引き取ってくれます。またコンクリートガラ以外の廃材も若干でます。取り換えた束の木材や、セメントの袋などです。

5. 白蟻被害が「構造部分」が柱や土台、梁などに及んでいた場合は別途費用が発生します。

6. 防蟻に関しては、もし弊社にご依頼いただいた場合は、オプションで「ボラケア」処理を行うこともありだと思います。たぶん白蟻業者さんに依頼すると、5年補償が付きますが同様の施工で25万円くらいになるでしょうが。自分らが施工している途中でやるなら、補償は専門業者でありませんから付けられませんが、10万円ほどで可能です。お家を持ち揚げている途中で塗布しますので、土台の下面も塗れますから、ものすごく効果的です。

沈下修正工事 ***様　静岡県*****

【直接工事費】

1：床下レーザーポインター計測	¥50,000—
2：ジャッキ穴はつり20か所〜30か所	¥250,000—
3：ジャッキセット　同じ	¥450,000—
4：アンカーボルト位置特定・斫り出し	¥150,000—
5：アンカーボルト再緊結溶接作業	¥200,000—
6：ジャッキアップレベル調整	¥600,000—
7：スペーサー挿入	¥250,000—
8：基礎修復	¥1,200,000—
9：鋼製束交換レベル調整	¥150,000—
10：解体	¥400,000—
小計①	¥370,0000—

水平構面について考える

時折、タイル張りのお風呂を持ち揚げるために縁切りしていると、タイルの隙間から侵入した水分で土台が腐って無くなっている場合があります。

下請けで工事をしている場合、余計なことは言わず自分の職責のみを施工するのですが、ある時、ホームページ経由で直接ご相談いただいた沈下修正の工事依頼がありました。土台揚げ工事をしていた際に、風呂場の入り口とそれにつながるトイレの入り口下の土台がスッキリ無くなっていることが分かりました。その建物では我々が沈下修正工事をした後にリフォームを行う予定でした。

自分としては携わった家には出来るだけ長く安全に暮らしていただきたいと願っているので、お施主さんにその後の施工をされるリフォーム会社さんに、「土台を入れて欲しいと言ってください」と伝えました。

ところが、お施主さんは「大工さんから必要ないと言われました」、「今日はベテランな感じの大工さんが来ていましたが、大丈夫と言われました」との返信がありました。

そのお施主さんに自分が返信したメールを紹介します。

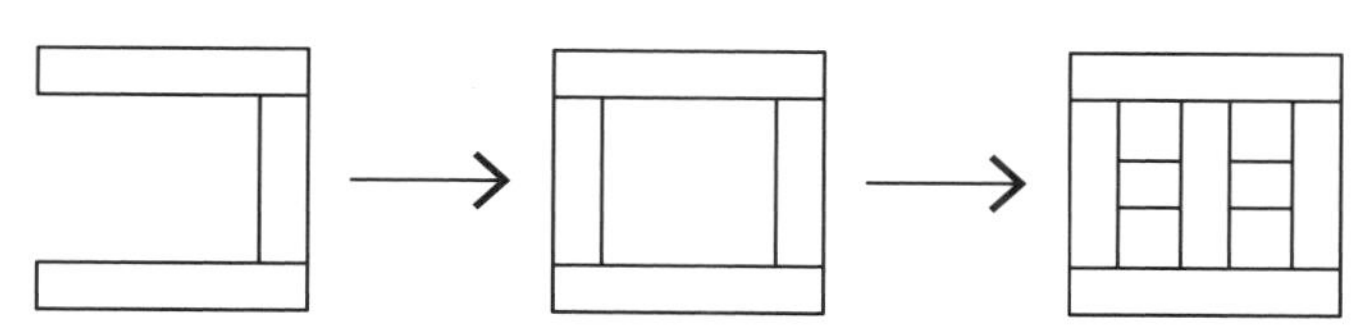

構造を強くするなら、コの字よりも口の字、さらには田の字土台を組むべし。
剛床の発想を持てない工務店は困ります。

お施主さんへの返信メール

風呂場とトイレの入り口の土台が存在していないので新たに入れて欲しいと伝えて、「必要無い」と言われた話ですが、ものすごく単純な話です。

これから建つ新築のお家で、その部分に土台が入っていない家があるでしょうか?。

構造を強くしようと考えた時に、コの字より、口の字、さらには田の字に組むのは当たり前です。

それを必要ないと言っているのは、「弱くても構わない」と言っているようなものだと自分は思います。

電話でも話させて頂きましたが、自分が紹介させて頂いた業者なのに、本当に申し訳ないです。

建築士が監理している現場ではありませんから、自分としてはできる限り正しい選択情報をお伝えしているつもりです。

自分は曳家ですから、口を出すことではないのかもしれませんが、構造に関わる部分は、壁やキッチンのように容易に後から直すことは出来ません。

風呂場、トイレを撤去している、このタイミングでしか直せません。

土台を新設する工事をして頂いたからと言って、弊社に利益が出るわけでありません。自分は出来るだけ構造の強いお家で安心して過ごして頂きたいだけです。

もし不安でしたら、このメールをどなたか建築士さんに読んで貰って下さい。


この後、こちらのお施主さんからは結果報告はありませんでした。

京都で石場建て古民家の家起こし工事をさせていただきました。この時の監理は建築士の寺川徹さんが担当しました。寺川さんは以前にも他の案件で我々にご相談くださったのですが、その時は我々だけでなく、寺川さんも外されてしまいました。

その理由は私どもを招聘して、同じく家起こしを提案したために全体の施工費が高額になったために〝もっと融通の効く〟建築士さんに換えられてしまったのです。

この話を聞きながら、「自分ももっと融通の効く職人にならなければな」と深く反省…、するわけないだろ！。

ちなみに、先代から現場で「家は切妻が良い」と何度も教えられました。

坊主の頃は四角形のすっきりした建物の方が曳家しやすいので、そのことを言っているのかと考えていましたが、歳を重ねて「曳家しやすい＝壊れ難い建物」ということに気がつきます。

確かに、L字型に繋げられた曲がり家や社寺における向拝部分など、母屋から突起した部分があると曳家し難く、連結部分が弱いのでそこを傷めないよう気を使わないといけません。

曳家岡本の考える「転倒のアスペクト比」

曳家岡本の考える「転倒のアスペクト比」をお伝えします。

多くの大工さんは、土台だけで持ち揚げられない重い建物、あるいは土台の存在しない石場建ての建物の場合、同時に屋根を支える梁を「突く」ことで持ち揚げなければならないことを知っています。これを知らずに無理に揚げようとすると土台が折れます。

ほとんどの場合、3寸の角材を使うことが多いサッポードで揚げているので、「揚げられるじゃないか！」と思っている方もいます。そう思われる方にお伝えします。

あなたは「転倒のアスペクト比」という単語をご存じですか。

転倒のアスペクト比とは、ざっくり言うと「持ち揚げたい高さの4分の1までの長さがあれば大丈夫」という数値です。

分かりやすく説明すると、25㎝の長さの枕木を井形に組むならば、25㎝×4＝1mの高さまでは安定して持ち揚げられるということです。しかし、実際には梁はGL（グランドライン、地表）から2・5m以上あるのが普通ですから、枕木も実際には65㎝以上の長さでなくては安定して持ち揚げることができません。これが「転倒のアスペクト比」です。

ただし、実際の建物には重い部位もあれば、軽い部位もあります。この建物の重さの違いによって、地盤も重い場所は転圧されて下がっていきますし、軽い場所は逆にスルスルと揚っていくのです。

そのため連動ジャッキを使用したとしても家は均一に揚がっていきません。自分のように荷重を分散させることを優先して大量の台数のジャッキを使っていたとしても、建物は早く揚がった側に動きます。その逆も同じくです。

例えばGLから2m持ち揚げていく過程で、元々の位置から70㎜ほど動いてしまうケースもあります。

後述しますが、動いたとしても曳家ですから元の位置に戻す技術を持っています（p49「かやしの技術」を併せて読んでください）。それでも安全面を考えると、ジャッキアップしている際に「家を踊らせない」よう配慮したいものです。

自分の考える「転倒のアスペクト比」は建築士の考える4分の1の長さの2倍です。つまり接地面から2mの高さの位置までジャッキアップしたいならば、最低でもその2分の1である1mの長さのある枕木を井形に組みます。

この長さを確保できないと建物は揺れます。結果として安全な作業ができません。意地悪で言っているのではなく、サッポードで細工するのは本当に危険なのです。ほんの僅かでも角度が悪かったり、圧密沈下が起きれば、ジャッキが傾いてしまいサッポードが大音量と共に折れて、物凄い勢いで自分に向かって飛んでくることもあります。

建築士さんは、大工に無理をさせてお施主さんの前で「この大工さん、無理を聞いてくれるんですよ（笑）」と満面の笑みで言うことがあったかも知れません。しかし、あなたたちがさせている危険行為が事故を誘発します。そういう危険行為を武勇伝のように語るバカ職人も退場すべきです。

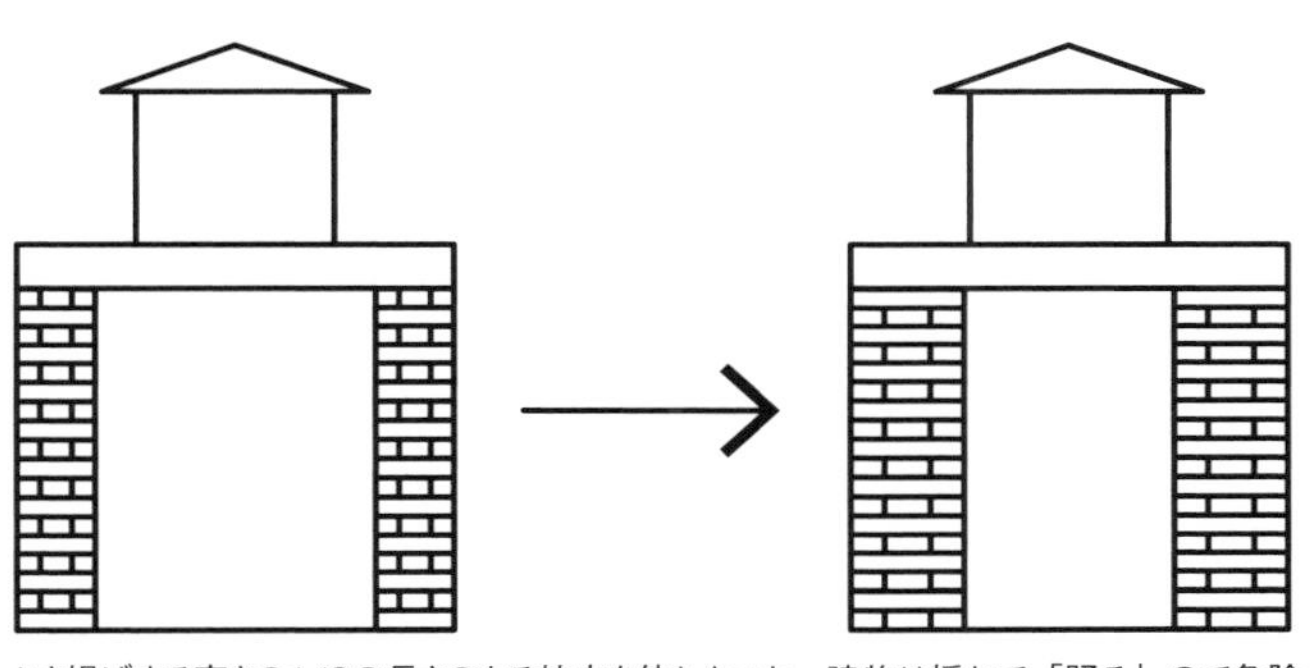

かさ揚げする高さの1/2の長さのある枕木を使わないと、建物は揺れて「踊る」ので危険です。

右端の下屋部分のジャッキは2階がのっている部分より軽いので、均一にジャッキアップすると揚がりすぎます。常に2階建て部分をメインで持ち揚げ、それに「付いていく」よう加減しながらジャッキアップしなくては接合部を傷めます。

枕木ではなく、サッポードで建物を突き揚げていると、わずかでも斜めになるとサッポードが倒れて飛んでくる危険があります。

建築ジャッキ（きりん）
今となっては使う場面を選ぶ古典的なジャッキです。

ジャッキを使い分ける

休憩時間が終わって作業を再開する際に親方である自分は大声で「よーし、そしたらジャッキ巻くぜ！」と声を張ります。作業を始める際の号令は、脳信号に直接作用して身体のスイッチが入ると考えているからです。

ところでこの「ジャッキを巻く」という言葉ですが、実は今や合図みたいなものになっていて、実際には「ジャッキは押す」という表現が正しく、巻くことはまずありません。かつて建築ジャッキ（きりん）を使っていた時代の名残りなのです。

ここからは危険の無いようにジャッキを正しく使うための留意点などを解説します。まずは各種ジャッキの特性を紹介していきます。

建築ジャッキ（きりん）

建築ジャッキは、ジャッキ棒を横に回すことでジャッキアップさせていくものなので「巻く」という表現が正しいです。しかし、建築ジャッキの使用には危険も伴います。そのため、今では使用することがほとんどありません。

建築ジャッキは揺れます。横にジャッキ棒を差し込んで回すという性質上、これはどうしようもありません。

オイルジャッキ
最も利用されているジャッキです。

また、使ったことのある方なら経験があると思いますが、頭に載せたサッポードなどは、強く効くまで滑って動くことも少なくありません。それでも不勉強な作業者がおかしな使い方を自慢しているブログ投稿を目にすることがあります。

基礎を造り変える際に枕木を組むスペースが無い、もしくは荷重を分散させるための予備として使う時には今でも建築ジャッキは有効です。オイルジャッキと違ってオイル漏れで急に下がるということがないので、その形状も含めて安定性という点では抜群だからです。

オイルジャッキ

現在、ほとんどの方はジャッキと言えばオイルジャッキをイメージすると思います。

オイルジャッキは比較的安価（1台12000円～30000円程度）で購入できますし、軽くて使いやすいので広く使われています。

しかし、オイルジャッキはパッキン部分のゴムの経年劣化等でオイル漏れを起こして、急にジャッキが下がるリスクがあります。

曳家岡本では、基礎梁を傷めない限り（風窓などを利用する場合など）、常に余分にジャッキを使うようにしています。主要な部分はジャーナルジャッキを使うといった配慮を施したうえで、オイル漏れによって急に下がるという事態が起きた場合を想定して、様々なバックアップを実施しているのです。

安いオイルジャッキ

20トンジャッキであれば費用対効果は優れています。

また、オイルジャッキは建築ジャッキに比べると力が強く、約5倍の耐力があるので、「軽く揚げられる」という特徴があるのです。だからこそ揚げすぎて土台や梁を折ってしまうこともあるので注意が必要です。

自分も坊主の頃は先輩たちに、オイルジャッキの扱いは任せてもらえませんでした。

早く仕事を進めたいのか、軽いからと言ってしゃくるようにジャッキを押している方を見かけます。曳家岡本では新人が入ると、ジャッキを押す音を聞きます。その音で、丁寧な仕事ができているか否かを判断するのです。自分は1カ所を4㎜くらいずつしか持ち揚げません。急に1カ所だけ強くジャッキアップすると、いくら粘りのある木材でも折れるからです。ホゾを飛ばしてしまうこともあります。

さらに言うと、オイルジャッキ自体にもダメージを与えてしまいます。便利なものは便利さゆえに危ない—。その点を正しく理解して使っていただければと思います。

安いオイルジャッキ

ネットなどでは3000円程度の安価な中国製オイルジャッキが大量に売られています。

自分もついつい買ってしまいます。費用対効果で考えると素晴らしすぎます。ただし、20トン以下のジャッキはお薦めしません。

ジャーナルジャッキ

ギア式なので真横に押すこともでき、いろいろな使い方ができる。簡単には壊れない。

低床型オイルジャッキ

小さくて便利ですが、やはり壊れやすい。壊れると修理費が割高。

ものすごく早く壊れます。20トンジャッキも20台に1台くらいは即壊れます。まあ、自分の場合はオイルジャッキに万全の信頼を置いていませんから、常にジャーナルジャッキや建築ジャッキと併用して使うようにしています。

それでも台数が必要な場合は本当にありがたいです。

低床型オイルジャッキ

低床型オイルジャッキは、なかなか優れものです。僅か9㎝の高さしか無いにも関わらず、4㎝の揚げ下げが出来ます。5トンまで持てる荷重性能も備えています。基礎梁が低く、なおかつべた基礎のためGLを掘ってまで大きなジャッキをセットできない時などに重宝します。

あるいはトイレやキッチンなど、配管が多く通っていて基礎梁の内外にジャッキを設置できない箇所などで使います。

小さなジャッキの頭をそのまま土台に当てると土台に穴が開きます。もしくは土台に亀裂が入るので、10㎝角で厚みは10㎜もしくは15㎜の鉄板を載せて使っています。

ジャーナルジャッキ

ジャーナルジャッキは、ほとんどオイルジャッキと同じ使い方ができるものです。ただし、オイルでは無くギア式です。そのため、オイルが漏れて急に下がる心配が

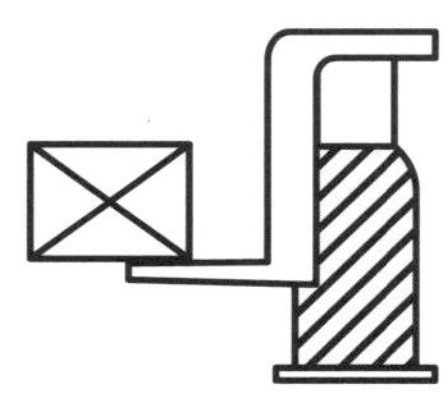

爪ジャッキ

爪（アーム）部分のみで持ち揚げるので対象物に充分な剛性があることが必要。

ありません。

つまりオイルジャッキの便利さと、建築ジャッキの安定性の両方を兼ね備えているというわけです。

さらには真横に押すことができます。これは軸組補正の際などに大変ありがたい特徴です。

しかーし、値段がまずまずします。1台6万5000円くらいからです。しかも重い。床下を這いながら、引きずる状態で持っていくのは辛いです。

この問題を改善したのがアルミ製ジャーナルジャッキ。価格は約1・5倍ですが、とにかく軽い。小屋裏などの高いところに運んで使うには便利です。

曳家岡本と相判してくださった大工さんの中には、影響されてジャーナルジャッキを購入する方も少なくありません。

ちなみに、香川県で手刻みにこだわっている島田棟梁は、どうしてもアルミ製ジャーナルジャッキが欲しくなり購入したそうです。購入後に経理担当の奥さまに「先に一言、相談してね」と叱られたという男泣きエピソードをお持ちです。

爪ジャッキ

ジャッキの頭にフォークリフトの爪のようなものを載せて、基礎天端と土台の間に差し込んで家を揚げることができるジャッキです。

沈下修正工法のひとつであるサイドピニング工法と同じ原理だと考えていいです

が、「ジャッキアップしたい構造物の剛性が担保されていなくてはならない」という大原則があります。

つまり木造建築物に爪ジャッキを使うと、よほど軽い箇所なら大丈夫ですが、爪は土台の下面全てを均一に支えているわけではないので土台をねじります。わずかなねじりで済むこともありますが、同時にホゾを傷めることもあります。

自分は先代時代の苦い失敗から爪ジャッキを使わなくなりました。その代わりに鉄板を通して基礎の両側で巻くという手間のかかる工法を選んでいます。

この工法を採用すると、運搬する枕木、ジャッキ、鉄板が爪ジャッキを使う場合のおよそ2倍になります。つまり、安い値段で依頼したい方からは受注できません。まあ、色々な選択肢がある方が良いでしょうから、それはそれで良しということで…。

ここで紹介した以外にも、オイルジャッキを電気で稼働させて何台かを同時に動かせるレンドージャッキや、マットのようなものを膨らませるエアジャッキなどもあります。ただし、これらは古民家を直す際には使いません。

ちなみに、「曳家岡本は日本一ジャッキを大量に使う曳家です」とお話をすることがあります。１棟におよそ40本の柱があるとすると、40本×４台×40台＝１６０台のジャッキが必要になります。

さらにＨ鋼を支えるジャッキも必要になりますので、さらに40台使うと一現場で２００台という計算になります。

ところで、枕木の組み方だけでなく、高さを揃えるために「軍手」を使います。最近の職人さんはあまりしないようですが、現場には使い古しの軍手が棄てられています。これを取っておいて使います。咄嗟に組んだ枕木の片方が痩せて僅かに1㎜～2㎜程度の誤差がある場合に軍手を使います。

一番上段だけでなく、枕木を組んでいく過程でも同様です。高く枕木を組み上げる時にはジャッキをセットする一番上段のみ水平になっていれば良いと考えている方もいます。

こういう方は最後の1段、もしくはその手前で大きく詰め物をして水平を保ちます。しかし、それでは枕木に均一に荷重がかかりません。

自分は1段ごとに枕木の水平を見るよう教わってきましたし、後輩にもそう指導しています。

枕木がやせて高さが違う場合はベニアや軍手を敷いて微調整をする

家は踊る

地盤沈下などで傾いた家を沈下修正工事によって水平に戻すと、傾いていた側に動いてしまいます。尺取虫をイメージしてもらうと分かりやすいのですが、片側だけをジャッキアップして揚げると、建物全体が揚げた側に引き寄せられるからです。例えば基礎を造り変えるために、一旦１ｍほど持ち揚げておいて、基礎ができてから60㎝ほど下げるとしたら、往復で１ｍ60㎝分の旅をするわけです。揚がり・下がるという旅の最中、作業員のジャッキを巻くスピードや建物の重さのバラツキ、悪い枕木の組み方、もしくは接地面が少なくて圧密沈下したりといった要因から、建物は上下するだけでなく左右前後にも動いてしまいます。

この状況を自分たちは「踊る」と言います。極端な場合、７㎝程度も元の位置からずれてしまうことがあるのです。

ずれてしまった場合、ジャッキを「かやし」して、押しながら元の位置に戻します。この技術を習得できていない方は、予め基礎梁を内ぶりに作っておいて上塗り（刷毛引き）で調整したりします。

しかし、上塗りはあくまでも化粧であって構造ではありません。基礎梁はきちんと土台の芯で受けてもらいたいものです。

ちなみに、基礎梁に1㎜くらいの誤差の範囲で建物を据え付けをしようとすると、1階22坪、2階20坪程度の在来木軸構造の住宅であれば約6人工の手間が必要です。経費などまで含めると1人工5万円の費用になるため、この作業の有無で約30万円の差が出るのです。これを必要経費と考えるか、それとも余分な経費と考えるか―。その判断は建築士、工務店の方々に委ねられます。

「踊り」を防ぐことはガイドなどを取り付けない限り不可能です。曳家職人は家を揚げたり、下げたりしている最中に20㎝ごとくらいに踊っていないかを調べます。踊っていたら、次のジャッキを巻く際には反対方向に設置したジャッキから揚げる指示を出します。

これをマメにやっておくと、大きくずれることが少なくなるので微調整にかかる手間が減るのです。

2019年に、徳島県美波町（旧 日和佐）で登録有形文化財である廻船問屋の家起こしを施工した際、1階だけで60坪もある総2階であったこともあり、「踊られて微調整するのは大変だな」と考え、ジャーナルジャッキの揚げ幅である11㎝ごとに踊ってないかを調べながら揚げていきました。

一旦10㎝くらいずれてしまいましたが、降ろすまでにはほぼ元の位置に戻せました。一部の紐石などの撤去を諦め、その上に基礎梁を造るという計画でしたので、ずれた位置に新しい基礎を作るということができなかったのです。

60坪の廻船問屋で全ての枕木を組みなおして、その上を滑らせるように「かやし」

をする手間はとんでもなく地味で時間のかかる作業でした。

曳家は、家を動かすとか、嵩揚げするといった派手に見える部分だけが評価されがちですが、こうしたきちんと墨に合わして構造的に安全な建物にする細やかな作業こそ施工品質を表す部分なのです。どうぞ地味な部分も評価してください。

建物の縦列駐車「かやし」

よく建築士さんたちから「どうやってX軸方向とY軸方向をぴったり合わせているんですか?」と質問されます。

自動車教習所での乗車練習で最初の難関は「縦列駐車」だったという方も多いのではないでしょうか。建物をレールに載せて曳家して停めても、ぴったり1㎜のずれもなく墨付けに合わせて停めることは不可能です。そもそも建物を揚げ・下げする間に、ジャッキを巻くのが早かったり遅かったり、建物が重かったり軽かったりで、建物は揺れながら僅かに動き続けています。

これを据え付ける寸前に、縦列駐車のように希望する方向に動かす技術を我々は「かやし」と呼んでいます。「突き掛け」と呼ぶ同業者さんもいます。

この技術では、建物全体を動かすことも出来ますし、土台のみを数メートルにわたって調整したり、独立柱を1本だけ立ちを直すこともできます。

軽い木造の建物は、水平に直せばかけやでしばいて動かすこともできます。費用面でやむを得ないこともあるでしょうが、この方法では構造材を叩き潰して「木の持つ本来の強度」を落してしまいます。

そもそも、柱を折ってしまったらどうするのでしょうか。

柱の両側に取り付けた添え柱に「かやし」ジャッキをセットしている。

大きな礎石があったので、そこから直接柱を押して「かやし」の応援をする。

誰しも、ほんの少しだけ建物を浮かせておいて、無理な負荷をかけずに「スルスルッ」と動かすことができれば最高ですよね。「かやし」とは、そんな技術です。

まず、どんな場面で「かやし」を行うかを説明します。

①全体を動かす場合：曳家してきて、新しい基礎に据え付けます。

②部分的に動かす場合：築40年程度の建物で構造のことを考えずに、柱、壁を取り除いてしまったために外周の土台に荷重がかかり過ぎて、基礎立ち上がりが外に向かって斜めになってしまった（建物がハの字になっている様子をイメージしてみてください）。これを基礎を造り変えて（やむを得ない場合は増し打ち）、据え付け直す。

③柱1本のみを動かす場合：地盤沈下等で下がった際に斜めにもなった大黒柱や、向拝柱の立ちを直す。

以上のような3つのケースがありますが、ここでは全体を動かす場合の技術を説明します。独立柱1本単位のものは別ページで解説しています。

一般住宅の場合は、土台をアンカーボルトに入れてしまうと動かなくなるので、アンカーボルトに残り10㎜程度で降ろすのを止めます

石場建ての場合、礎石に僅かに5㎜程度で止めます。建物を置いて、次に建物を持ち揚げるために組んだ鋼材の下に枕木を組んでいきます。この鋼材の下に組んだ枕木の上を滑らせて動かします。枕木は揺れて倒れると危険ですから可能な範囲で広

く大きな井形を組んでください。鋼材の底面を直接受ける最後の枕木の向きは、動かしたい方向に向けて必ず十字になるよう組んでおいてください。

枕木が組めたら、その枕木の上にそっと建物を仮据え付けします。この時に下ろし過ぎて、アンカーボルトに土台が当たったり、礎石に柱が触れてしまわないよう気をつけてください。

全体を同時に動かしますから、建物を持ち揚げるためにジャッキを掛けた箇所全てに枕木を同じように組んで仮据え付けします。

全てのジャッキを下すと荷重は枕木に移ります。その状態で枕木の上や、そばに別で組んだ台座の上でジャッキを斜めに掛けます。

ジャッキを斜めにするための台座は、めり込みを避け、きれいに反力を取れるようにするために樫板を使うことが多いです。

この樫板、曳家岡本では若干のサイズ違いもありますが、およそ縦5㎝×横10㎝×長さ30㎝で作っています。現在、１０００枚くらい所有しています。

樫板の上に4割程度、ジャッキを載せて動かしたい向きに約30度くらいの角度で斜めに掛けます。

建物の重さでこの角度をもう少しきつくする場合もありますが、あまり浅い角度でセットするとなかなか動かずに、動く瞬間に大きく蛙がジャンプするように着地してしまいます。その衝撃で壁が割れたりホゾを飛ばしたりしてしまい建物を傷める懸念が高くなります。できる限り建物をほんの１㎜程度しか浮かさない環境で鋼

右方向に向けて「かやし」を動かしている。

左方向に向けて「かやし」で動かしている。

材ごとスルスル～と動かします。

倒れるまでジャッキを押してしまいますので、「もうこれ以上、押すと鋼材から外れるな」というところで止めます。

建物の重さや形状によって違いはありますが、1回の「かやし」で3㎝から5㎝程度は動かせます。これを何度か繰り返して望む位置まで移動していきます。

ちなみに、建物はL字形に2方向の墨を合わせたら残りの2方向は合いません。4隅を合わせることができれば良いのでしょうが、多くの場合、初期施工の誤差が発生します。古民家であれば特にそうです。

例えば複数の大工さんが入って建てた建物の場合、墨付けした墨を残す大工さんと、切り落とす大工さんがいれば、大きな家だと相当な誤差になるのです。

ほとんどの場合は、玄関側の「見える」部分に基準を合わせて定着させます。

30代の頃、1階が掘り車庫になっており、2階部分から動かさなければならない住宅を「かやし」していた時、GLより2mほどの高さまで組んだ枕木が揺れて崩れてしまい枕木と共に空中を飛んだことがあります。その瞬間、短い人生が走馬灯のように見えました。大きな怪我もせず、もちろん他にも多くの枕木を組んでいたので建物に損傷を与えるような事故にはなりませんでした。

この経験からも「高く積んだ枕木の上でのかやしは危険」と強く考えるようになりました。先の章で書きました「転倒のアスペクト比」を意識して細工をしなくてはなりません。

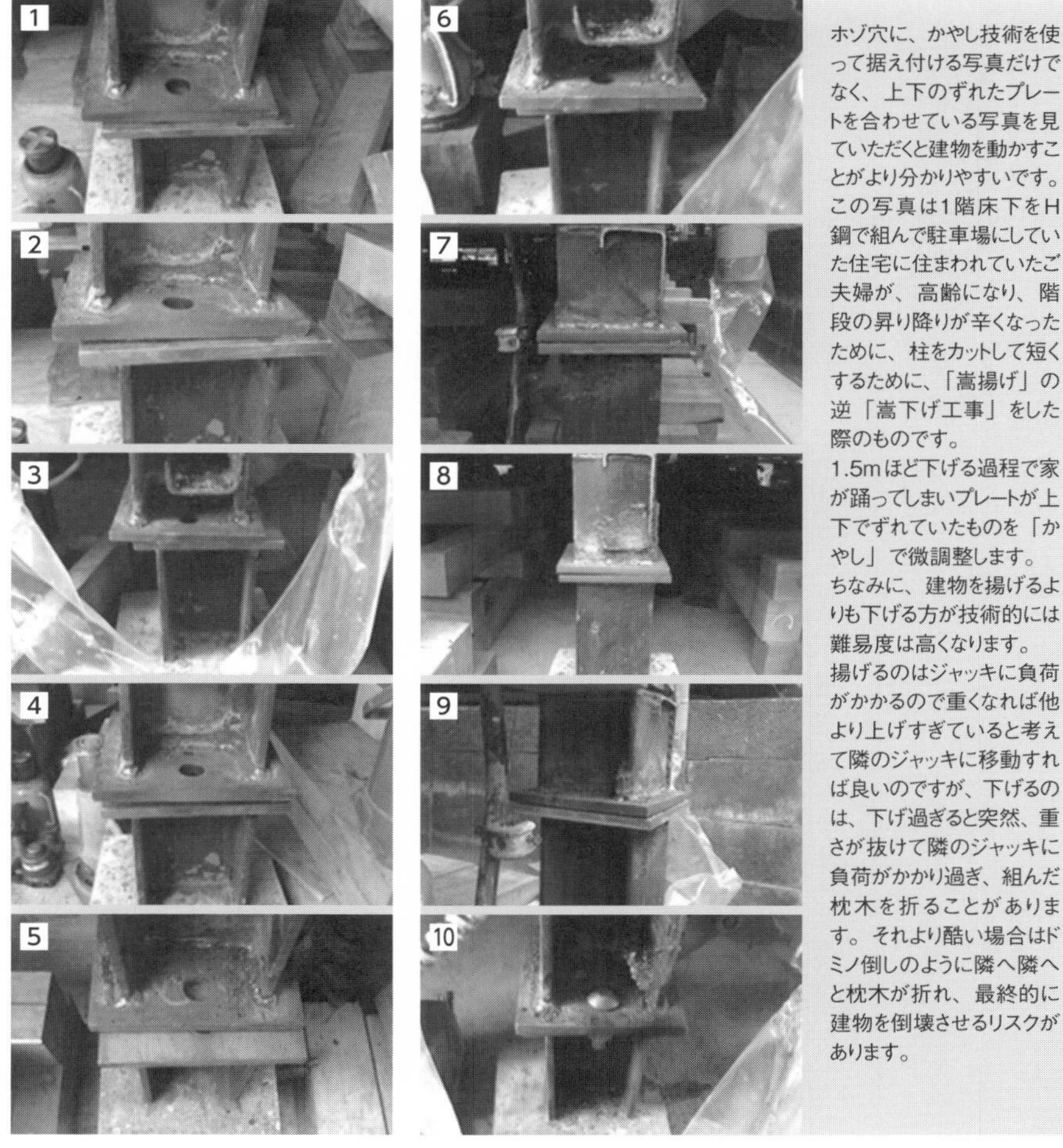

ホゾ穴に、かやし技術を使って据え付ける写真だけでなく、上下のずれたプレートを合わせている写真を見ていただくと建物を動かすことがより分かりやすいです。この写真は1階床下をH鋼で組んで駐車場にしていた住宅に住まわれていたご夫婦が、高齢になり、階段の昇り降りが辛くなったために、柱をカットして短くするために、「嵩揚げ」の逆「嵩下げ工事」をした際のものです。
1.5mほど下げる過程で家が踊ってしまいプレートが上下でずれていたものを「かやし」で微調整します。
ちなみに、建物を揚げるよりも下げる方が技術的には難易度は高くなります。

揚げるのはジャッキに負荷がかかるので重くなれば他より上げすぎていると考えて隣のジャッキに移動すれば良いのですが、下げるのは、下げ過ぎると突然、重さが抜けて隣のジャッキに負荷がかかり過ぎ、組んだ枕木を折ることがあります。それより酷い場合はドミノ倒しのように隣へ隣へと枕木が折れ、最終的に建物を倒壊させるリスクがあります。

柱を掴んで持ち揚げる

曳家岡本のブログを読んだ方々や実際に現場見学に来てくださった方々が、柱に穴を開けてボルトを通すこともなく、金具で挟み込んだだけで家を持ち揚げていることに驚いてくださいます。これは摩擦力を利用して持ち揚げる手法です。

こうした技術は弊社の専売特許ではありません。他の曳家さんも同様のことをされています。ただ、旧来の曳家さんのなかには、ワイヤー締めをされることを基本技術として、大切にしていらっしゃる方も残っています。

まあ、人様の施工内容にとやかく言うことは失礼ですので、それはそれで良いのでないかと思いますが。

自分は不器用なので、初期投資費用はかかりますが、専用の鉄板とボルトを造って、それでさっさと柱を掴んでいきます。これは、なかなか便利です。

元大和社寺の宮村樹棟梁が「真似していいですか？（笑）」と尋ねてくださって、「もちろんＯＫです」と、鉄板とボルトの現物をお貸しして複製を造って貰いました。

自分の把握している限りでは４名の大工さんが、同じものを使って柱の根継ぎ作業などに活用してくれています。

こうして曳家岡本をルーツとする技術が少しずつですが広がっています。自分はこれを「曳家岡本のマイクロソフト作戦」と呼んでいます。

どんなに真似しても専業の弊社のように金具400セット、ジャッキ400台、枕木4000本を所有していないとできない現場があるでしょうから、そんな時に思い出して貰えれば良いのです。

この鉄板とボルトのサイズなどは、次のページに記載しておきますので、どんどん真似してください。

ちなみに、写真の金具1セットでおよそ2トンまで支えることができます。この数値は山形の曳家である「我妻組」さんが実施した負荷実験で検証されています。

曳家岡本では、「重いなー」と思う場合、上下2セットを取り付けますが、だからと言って単純に2トンの2倍である4トンを支えられるか言うと、そう簡単な話ではありません。感覚としてはせいぜい2・7トンくらいだと考えています。

摩擦力を利用して掴むわけですから、取り付ける添え柱は接触面が大きくなるように、必ず既存柱より僅かでも幅を大きくしてください。

そして縦方向は最低でも50㎝ほどの長さにしてください。例えば、105㎜（3寸5分角）の柱であれば、120㎜（4寸角）の長さ50㎝の添え柱を使うイメージです。

「添え柱の木種は何が良いか」と聞かれると、檜やオーストラリア檜（サイプレス）をお薦めします。

樫など堅いものが良いと思われがちですが、実際には樫を使わなければならないほどの負荷には耐えられません。それならば、樫よりは軽くて加工もしやすい檜で充分です。これより柔らかい杉やツガは禁止です。

床下が深い場合、床や壁を解体せずに敷居より下で添え柱を取り付けることもあります。長さ50cmもの添え柱を取り付けるスペースはありませんので、短い添え柱でなんとかしのぐしかありません。こうしたケースでは、強く締め付けることのできる堅いオーストラリア檜や樫を使います。また、床下ですので、強く引き締めたことで柱に跡が付いたとしても意匠を損なう心配がありません。

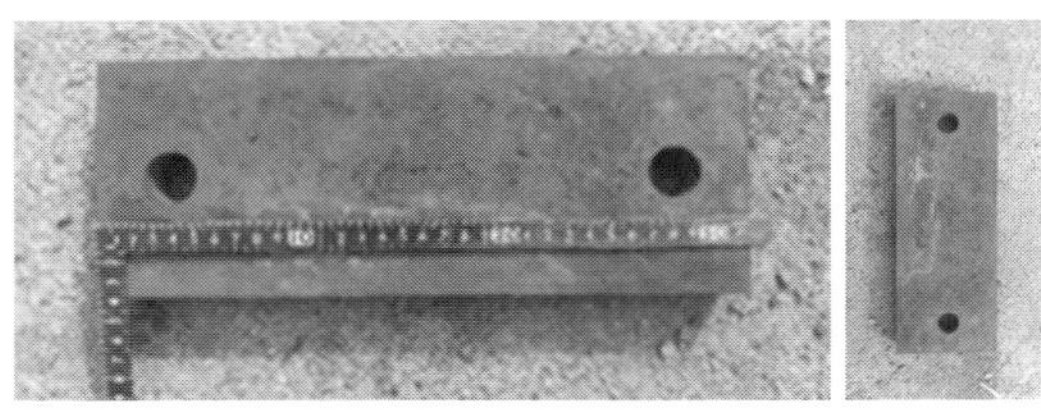

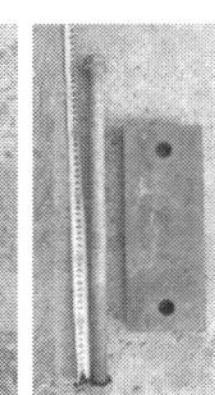

この厚みが無いと締めつけた時に曲がります。

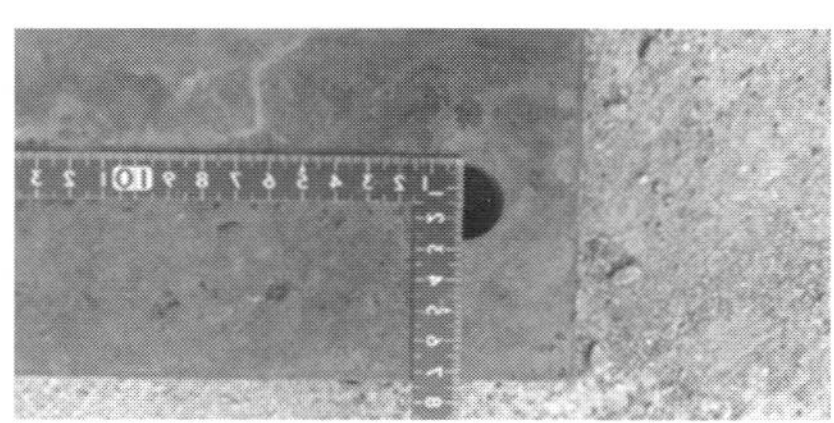

*この写真群の解説

金具鉄板サイズ	32cm×12cm×厚み2.5cm
穴サイズ	直径22mm
ボルト	全長52.5cm 内長50cm 直径20mm
ネジ山	10cm

このサイズで、4寸角120mmまでの柱を掴める。添え柱と柱の間には、3mmから5mmのゴムを保護材と滑り止めを兼ねて挟み込む。

淡路島や広島あたりにある屋根に大量の土が載っている古民家の場合、大黒柱や一部の柱には6トン近い荷重がかかっているため、この金具だけでは持ち揚げられません。こうした建物では、さっさと諦めて天井を剝がして梁を出して、梁を突きましょう。

こうして荷重を分散してから柱を持ち揚げます。梁を突いた場合、作業のついでに負担の大きかった恵比寿柱などは抜き換えて小口の大きいものにすることもあります。

床下が深い場合は敷居下で柱をつかみます

阪神淡路大震災で挫屈していた柱が経年でつぶれた状態です。

柱だけで持ち揚げるのは不可能と判断したら躊躇せず梁を突いて揚げること。

根継ぎをする

柱を掴むことができたら、簡単に根継ぎができるようになります。時々、柱の左右にサッポードを立てて鴨居を突き、「荷重を受けている」と勘違いし、柱を切っている方がいます。いやいや、木造建築の荷重の9割は柱が持っていることを理解しているのでしょうか。

鴨居や桁は横架材であって、荷重を受けているとは到底思えません。鴨居を突くのはホゾを傷めているだけ。運よく根継ぎが無事に終わり据え付けしても、接合部が弱くなっている恐れがあるのです。

柱を掴んだ際のジャッキの掛け方は幾通りかあります。柱を高いところで根継ぎする場合、低いところで行う場合など、状況に応じて掛け方を変える必要があるのです。

ここでは2通りのジャッキの掛け方を紹介します。

パターン①は1本の柱に2台のジャッキを使う手法です。いたってシンプルですが、左右にセットされたジャッキが柱を挟む形になるため、柱が上下には揚がりますが、

パターン①

1本の柱に対して2台のジャッキを使っている例。大工が安全に金輪継ぎ出来る環境を提供することが曳家の誇りです。

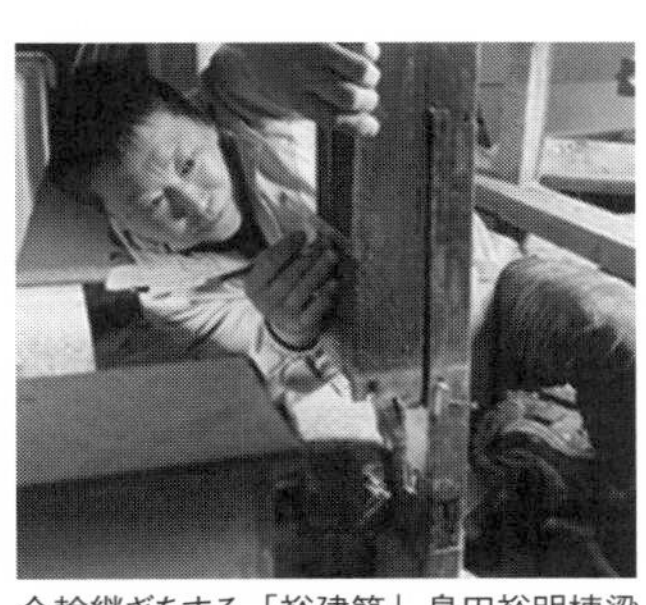
金輪継ぎをする「裕建築」島田裕明棟梁

パターン②
高い位置で根接ぎしたい時に大工の作業空間を確保するために、このような組み方をする。4台のジャッキを使っています。

左右に動かなくなります。

家起こしなどが絡む場合はこの設定は不向きです。やむを得ない時は、この方法で一旦、根継ぎ前に柱脚を水平に真っ直ぐカットしておきます。そこから柱脚にスペーサーを入れて、左右のジャッキを一旦取り外せば柱の立ちを直すために動かすことができます。

パターン②は、1本の柱に対して4台のジャッキを使うやり方です。高い位置で根継ぎをしたい場合に添え柱を取り付けて、その下にジャッキをセットすると、ジャッキが邪魔になって鋸が入るスペースが無くなります。そうした時にこの方法を使います。

また、柱からジャッキを離すことができるため、大工さんの作業スペースが30㎝ほど増えるという利点もあります。

「そんな金具をわざわざ作らなくても、柱にボルトを貫通させて添え柱を取り付けた方が金具が滑ったり、緩むこともないのでは」と思う方がいるかもしれません。

どうしても柱に穴を開けなくてはならない場合もあります。無限に予算があるわけではないですから。しかし、柱に穴を開けるということは、わざわざ「欠損」を作っていることでもあるのです
素人考えで「後で埋め木すれば良いのでは」と考える方もいるでしょう。穴を開

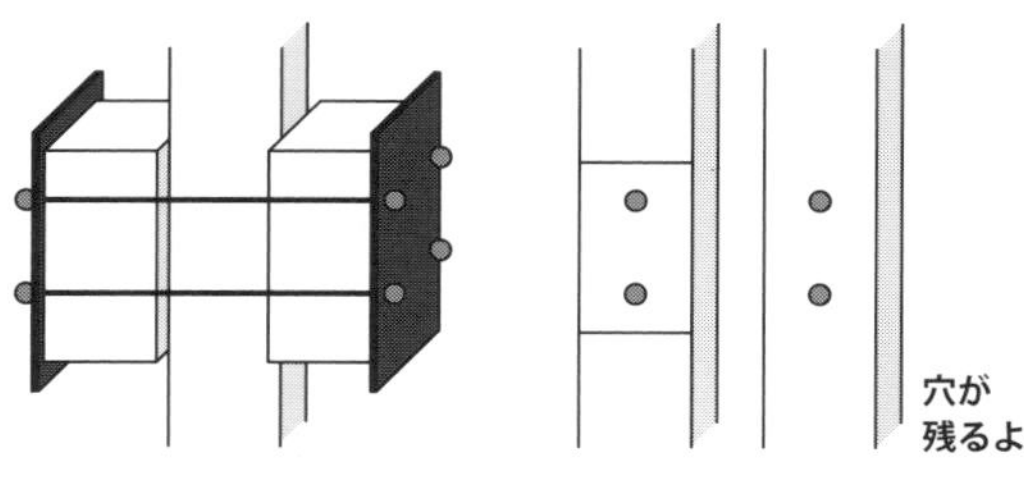

柱にボルトを貫通さえて添え柱を取り付けると、右の図のように柱に穴が残る。そのため、左の図のように添え柱を取り付けるために、柱に穴を開けないよう専用の金具で掴む。

けることで木材の繊維質が切れてしまいますから、埋め木しても元の強度に戻ることはありません。

よほど軽い小屋などでなければ、気軽にボルト穴を開けることは控えた方がいいでしょう。

次に大黒柱を根継ぎしている左頁の画像をご覧ください。

大黒柱を持ち揚げるは、負荷が2トンを越えていますので添え柱だけでは揚げきれません。そのため天井を解体して梁の突き揚げも同時に行います。

この画像にあるように、過去に大黒柱の柱脚が傷んだ際に取り換えようとしたものの、持ち揚げる技術が無いために4分割して順番に叩き込んで入れていた苦心の跡を拝見することがあります。

こうした先輩大工さんのご苦労を我々が取り除き、気持ち良く眠っていただければと願っています。

ところで、このような工事は見た目の派手さと比較すると意外に安く出来ます。

安くできる場合の理由は幾つかあるのですが、

1、搬入条件が良い。

2、倉庫から近いので運搬費が圧縮出来る（弊社の場合は千葉県いすみ市と高知県土佐町のいずれかとなります）

3、大工が複数名で根継ぎしてくれるので待機時間が1日。

4、根継ぎが完了したら即撤退（基礎の造り換えがあると揚げて仮置きしておいて、また戻って据え付け、撤去しないといけないため）
5、前の現場でほぼ同じ資材を使ったものを積み替えせずに持参できた。
ここで紹介した画像の現場は香川県三豊市でした。
根継ぎした柱は大黒柱を含む４本。

沈下している、もしくは根腐りしている柱に詰め物をしたり、活きている部分まで伐り上げるためには柱を掴まなくてはなりません。
この場合、土壁だと、壁を落ささないと柱は掴めません。壁を落さない場合、柱に穴を開けて添え柱をボルトで縫わなくてはなりません。壁は復旧出来ますが、穴を開けた柱は埋め木しても元の強度には戻りません。この点については費用対効果の問題ですから、お施主様と建築士さんの判断となります。

昔の大工が揚げ切れずたたきこんでいた小片を取り省いて根継ぎ（金輪継ぎ）に交換した。

大黒柱含む柱4本入れ換え工事の見積もり

直接工事費	
1：枕木組み立て	¥150,000―
2：添え柱取り付け	¥50,000―
3：ジャッキセット	¥40,000―
4：ジャッキアップ	¥80,000―
6：柱入れ換え相判作業	¥100,000―
7：ジャッキダウン	¥40,000―
8：添え柱、枕木解体撤去	¥50,000―
9：片付け	¥50,000―
小計①	¥560,000―
工具使用料ほか	
1：工具運搬費（4トン車 高知倉庫〜香川県現場 片道50000円）	¥100,000―
2：工具積み降ろし込み手間（他の現場からそのまま来たため降ろし手間のみ）	¥80,000―
3：工具損料（枕木 一週間あたり@100円×2週間×400本）	¥80,000―
小計②	¥ 260,000―
その他の経費	
1：移動費（他の現場との連続で行けたので片道分のみ）	¥60,000―
2：宿泊費（@5500×3名×5泊想定）	¥82,500―
3：諸経費	¥30,000―
小計③	¥172,000―
合計	¥992,500―
税込み合計金額	¥1,091,750―

管柱の立ちを直す

管柱が初期施工時のミスでやや角度が悪い時があります。

この場合、梁を突いておいて動かしたい方向にホゾ穴を拡げておいて柱をしばいて寄せるのですが、ついつい加工しやすい土台側のホゾ穴を広げてしまいます。

しかしある大工さんにお教えいただいたのですが、理想は柱頭側のホゾ穴を拡げることが正解だそうです。

その方が直して埋め木したものが見え難いそうです。

ちなみに、管柱であればよほどの荷重が掛かっていない限り、サッポードで梁を突いて持ち揚げる方もいます。しかし、通し柱や隅柱はそのような扱いをしていると大事故につながります。

必ず周囲の壁を解体して、先に述べた「転倒のアスペクト比」を考えた枕木を組み、梁に直接ジャッキが当たるような持ち揚げ方をするべきです。

壁ってそんなに大事なの？

柱を掴むには、壁を撤去する必要があります。「できる限り壁を解体しないで直して欲しい」と言われることがあります。そういうこと言う人は、「そうですよね。そうですよね」と言うことを聞いてくれる建築士さんや、リフォーム業者さんを見つけてください。

「壁を解体しないで欲しい」ということは、構造を徹底的に直すということと相反するわけです。

ただし、鏝絵（漆喰を使って作る浮き彫り細工）などが施されている場合、意匠面から壁が重要視され、簡単に落とすわけにはいきません。

かつて「布袋様の鏝絵を傷めないで家の向きを換えて欲しい」と依頼された時に、うちの先代は、たった一言「分かりました」と答えてそれをやってみせました。いやー勘弁してくれよ。自分は既に先代より長く現役を続けていますが、「頑張ります」としか返事できないです。

沈下修正と構造材の入れ換え工事を担当させていただいた川越市にある老舗鰻屋「小川菊」では、竹小舞を一部残してガラスでカバーし、「この部分はかつて土壁であった」ということを意匠として見せる工夫が施されていました。

沈下した柱を掴んで持ち揚げるために壁を解体した。

他の建築物でも建物全体を残すことが構造的に難しい場合は、部分的に切り取ってショーケースのように見せるということがしばしば行われます。

自分はこうした妥協案は必要だと思います。「壁を大切にするな」とは言いませんが、「壁を解体せずに沈下修正や家起こしをしてくれ」ということは、そもそも「柱を動かさないで欲しい」と言っているのと同じです。それでは沈下修正や家起こしは不可能です。

鏝絵などが施されている場合、壁を解体することなく保存して欲しいと依頼されることもある。曳家であれば丁寧な施工を行えば突破できるが、家起しの場合は壁の両側を解体したうえで、左右の壁を解体して軸組補正した後に筋交いを入れて固めなくてはならない。

画像提供 (有)左官 松本組 松本勉様

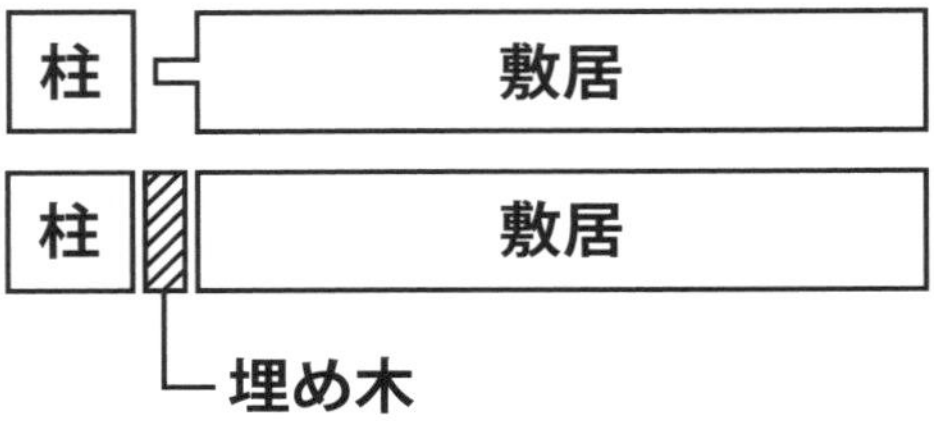

柱
敷居
柱
敷居
埋め木

敷居と柱の間に出来た隙間を埋め木することは正しくない。ホゾが抜けているということは柱が斜めになっているということを考えるべきです。

抜けたホゾを引き締める

古民家や築40年越えの家、あるいは地震で被災された家にうかがうと、敷居や床にできた隙間を発見することがあります。

こうした状態の対処方法としては、多くの場合、埋め木や敷居を取り換えるだけで済ませてしまいます。「これで隙間風も入らなくなった」、「虫が入り込まなくなって嬉しいです」と、「めでたし、めでたし」となるのです…。いや、ならないです。そもそも敷居や床に隙間ができているということは、建物が「ハ」の字に開いているということ。つまり柱が斜めになっている状態ですから、屋根や柱の荷重を真っ直ぐ受け止めていない状態なのです。

このような場合、土台を健常に建っている側に引き締めて、柱の「立ち」を直さなくてはいけません。まず、家がスムースに動いてくれるように水平を直します。

その後、アンカーボルトが緊結されていると動きませんので切断、もしくははつり出ししてください。

建物が水平になっていないと動きませんから、まず初めに建物が不同沈下していないかを確認します。この時、沈下が認められたら先に沈下修正工事をします。

次に動かしたい側の土台にジャッキを斜めに掛けます。ジャッキが倒れようとす

抜けたホゾを入れ直すために、土台に全ネジを貫通させて引き締めていく。12mmもしくは4分のネジを使うことが一般的。

る力を利用して土台を動かしていきます。全体ではなく、部分的な「かやし」の技術で動かすわけです。

この時、基準点となる「動かさない」部分にはアンカーボルトが緊結されていて、引き込みできることが必須となります。

軽い建物の場合、この作業だけで動きますが、念のために隙間ができないようにM12もしくは4分の全ネジボルトを繋いで締め込んでいきます。床下にブレスターンパックルを張っているようなものだと捉えてください。動かしたい土台に1200㎜ピッチ程度で仕込んでください。

交差する土台を引き締めるだけなら、両引きの羽子板ボルトを使うだけでも効果はありますが、最近は内部に柱が少ない家が増えているので、どうしても外周に向けて開いてしまう傾向があります。そのため、外周の絡む土台を内側に向けて引き込まなくてはならない場面も増えてきました。

そうなると、通常のボルトではナットが水切りより上に出てしまい、そこから雨水が侵入する恐れがあります。外周の土台を内側に引き込む場合、昭和ボルト（ハンガーボルトとも言います）を使います。

昭和ボルトとは、先端部分がコーチボルト状になっているものです。ナットで頭を締めることに比べると、やや力は劣りますが、外壁にナットが出ることなく建物の床下で完結してくれます。

引き締めが終われば切断したアンカーボルトを溶接して再緊結します。

土台を引き締める場合、アンカーボルトを切断しておかないと動きません。そのため「伸ばしナット」を使うことが出来ないのは残念ですが、仕方ありません。

実際の工事にあたっては、沈下していて基礎梁に大きなクラックが出来ている場合、アンカーボルトに引っ張られてホゾが抜けています。自分たちは「家が傾いているので調査に来て欲しい」と呼ばれると、レーザーポインターで沈下量を計測すると同時に、家の中の敷居や床、場合によっては鴨居、壁に隙間が出来ていないかも確認します。

こうした点が沈下修正業者と曳大工である我々の視点の違いです。沈下修正業者の名誉のために書いておきますが、我々は上部構造の修復の専門職ではありますが、彼らは本当に驚くほどに地盤や地層に詳しく勉強もしています。「ゴミや腐植土、砂質土の地盤に対しての有効な施工は何か?」など、学ばせていただくことは多いです。

どちらが良いとかでなく、必要に応じて使い分ける知識を建築士、工務店さんにはお持ちいただけると嬉しいです。

話を戻します。実際の見積もり金額例を次の頁に掲載します。1階の面積は20坪程度の建物ですが、L形に建てられた「曲がり家」のような建物でした。

最大沈下量は16㎝。費用面で割高になったのは、L形であることと躯体の初期施工精度が悪く整合性を合わすことが難しかったからです。

沈下+歪んだ状態で床を貼り換えていたようで、引き締めも完全に隙間が見えな

ホゾが抜けて隙間が出来ている敷居。ホゾが抜けているということは柱が真っ直ぐに立っていないということを考えないといけないです。

ホゾが入りました。

外周、水切り側にナットが出ると水の侵入を誘発するためやむを得ず30cmほどの長さの昭和ボルトを挿す。

全ネジだけでなく直近部分は羽子板ボルトでも引き込み、抜けを止める。

全ネジを土台の真ん中に貫通させると、大引きも貫通させなくてはならない。

ネジで引き締めるのを応援するために、ジャッキを斜めに掛けて「かやし」でより動くよう細工しています。

くなるまで戻せませんでした。それでも、床下に引き締めボルトなどを取り付けたことと、水平に直したことで今後の開きに対する抑止効果は充分に出来たと思います。

付帯工事として、おおよそ以下の項目の費用が発生すると想定されます。金額は地域差がありますので参考程度にしておいてください。

****様のお家の場合はエアコン等の室外機が基礎外周に多く設置されています。ジャッキアップした範囲の基礎の補修のためにホースに余裕があるものはずらして施工しますが、余裕が無い部分は一旦、取り外し、復旧作業が発生します。

○給排水、トイレなどジャッキアップが必要な部分の配管切断、復旧工事。10万円?
○玄関部分のタイルの復旧費 10万円?
○ユニットバスへの交換費用 70万円〜120万円
補修してある壁が割れる箇所が出る可能性があります。それらの補修費
○建付けの修正費　3万円?
○廃材処分費 3万円?

○ジャッキアップした後の基礎の上塗り（5万円〜10万円）。
これはしなくても良いですが、見た目が悪いのでほとんどの場合は上塗り（化粧）します。

――などが必要な場合があります。

それと水はけの外構工事の検討もお伝えした方が良いかと存じます。

個別に発注するのは大変ですから、近隣の工務店に面倒見てもらうのが一般的です。探すのが面倒でしたら、自分の方で建築士会ルートで紹介もお願いできます。
工期は約1カ月です。たいへん読み辛い工事ですので若干の前後はあるかと思います。
どちらにせよ、実際の工事にあたっては、初めの1週間程は風呂場の解体に着手せず、他の部分から始めれば少しは風呂、トイレをお使いになれる日数が多くなるかと思います。
ご検討くださいませ。

「曲がり家」のような建物の見積もり

お世話になります。

お家が一方向に傾いているのではなく、玄関周辺が高く両側にやじろべえのように不同沈下を起こしています。また、廊下や敷居を拝見すると隙間が出来ておりまして、これはホゾが抜けている症状です（人間で言えば関節が抜けかかっている状態です）。

修復するにあたって、これらの施工を踏まえた上で正式なお見積りとさせていただきます。


【直接工事費】

1：ジャッキ穴はつり35か所～45か所	¥300,000―
2：ジャッキセット35か所～45か所	¥250,000―
3：床下進入路確保、復旧	¥40,000―
4：アンカーボルト位置特定・はつり出し	¥100,000―
5：風呂場解体	¥90,000―
6：トイレ解体	¥50,000―
7：ジャッキアップレベル調整	¥400,000―
8：スペーサー挿入	¥150,000―
9：基礎修復	¥800,000―
10：鋼製束交換レベル調整	¥90,000―
11：土台引き締め　8本取り	¥400,000―
小計①	¥2,670,000―

【実施諸経費】

1：運搬費	¥80,000―
2：工具損料	¥400,000―
3：コンクリート接着剤	¥20,000―
4：束ボンド（必要に応じてピンコロも）	¥10,000―
5：鋼製束	¥10,000―
6：諸経費	¥150,000―
小計②	¥670,000―

1：移動費	¥120,000―
2：宿泊費	¥300,000―
3：諸経費	¥50,000―
小計③	¥470,000―

合計	¥3,810,000―
税込み合計金額	¥4,191,000―

垂れた鴨居を水平に戻す

古い日本家屋などで鴨居の真ん中が垂れている場合があります。よく「建具で調整するよ」と言いますが、実際にはそれはごまかしているだけです。構造から直しているわけではありません。

まあ、そうは言っても予算ありきですからやむを得ないことも多々ありますが、ここでは理想を書いておきます。

襖の淵が不自然に斜めになっていたり、継ぎ足されているのは美的にも残念です。

天井および必要に応じて垂れ壁を解体しておいて、鴨居上面に昭和ボルトを打って上から吊り上げれば垂れた鴨居を水平に直せます。

前章でホゾの抜けを直した例は水平面でしたが、それを垂直方向に置き換えただけです。

吊り上げるためのボルトの本数については、1番垂れている部分にまずは取り付けてみて、きれいに上がらないようなら左右に1本づつ入れたら大丈夫です。

※まれに吊り束が邪魔をして上がらない場合があります。この場合は吊り束を切り詰めます。

かなり以前にある沈下修正会社の方に「岡本さん、どんな建物が曳家し難いです

向拝柱を沓石にすえつけるために動かしている。万が一を考えて枕木を組み上げている。

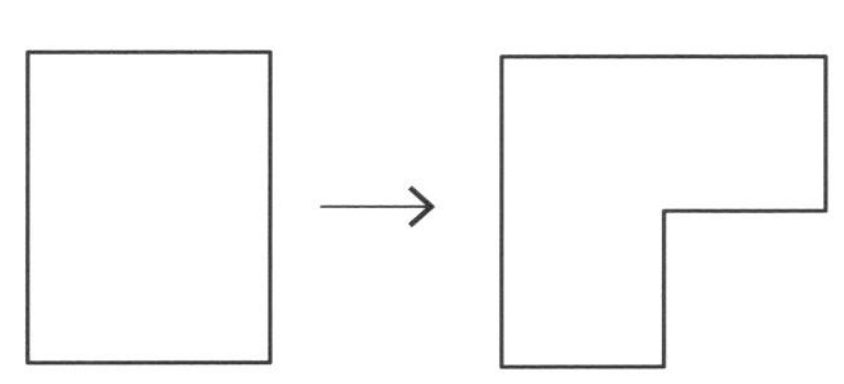
同じ面積であってもきれいな四角形とL字形の建物であれば施工手間はかなり違う。ましてや回転（90度や180度）させるとなると全く異なる。

か？」と質問されたことがあります。即座に「木造2階建ての母屋に、後からの増築で鉄骨の倉庫が取り付けられているような建物です」と答えました。

こうした建物は、地震時に脆弱な部分が揺れて、それが本体を引っ張って倒壊させる可能性を意識しておかなくてはなりません。車寄せや向拝は脆弱であり、母屋などの建物本体に対して、構造的には良い影響をもたらさないと考えておくべきでしょう。だからこそ、エキスパンションとして地震時に建物本体から外れやすいように建てておく細工がされている（はず）のです。

数年前、福岡の現場で向拝柱の入れ換え作業中に海老虹梁が抜けて桁が首に落下し、大工1名が死亡、もう1名も大怪我を負う事故がありました。向拝は外れやすくなっているものです。ここをいじるなら上の画像のように枕木を組んで、万が一に備えて、なおかつ、レバーブロックで抜け防止をしてから触れるべきなのです。

安易にサッポードで持ち揚げることは本当に危険ですから止めた方が良いです。

家起こしについて

現在、家起こしをプロとして行っている職人はごく僅かです。建築のプロでさえ、家起こしを家の傾き直し（沈下修正工事）と混同している方がいます。

沈下修正とは、地盤沈下などで下がった建物を持ち揚げて「水平に直す」工事です。家起こし（軸組補正工事）は、地震の影響やもともと荷重バランスが悪かったために建物がひし形に歪んでしまったものを「垂直に直す」工事です。

この技術の存在があまり知られていないのは、柔構造、石場建て以外では建物がひし形に歪むという状態が発生し難いからです。伝統構法や社寺建築に関わる職人以外は学ぶ機会が少ないと思います。

しかし、２０１６年に発生した熊本地震では、激しい横揺れにより剛構造の一般住宅でも歪みが生じて、弊社にも家起こしの相談が寄せられました。

ほぼ床下で完結する沈下修正工事と比較すると、家起こしは壁や床を撤去して筋交いや耐力壁を挿入する固め直し作業などを行う必要があり、復旧費を含めると一般的な土台揚げ沈下修正工事と比べておよそ3倍の費用がかかります。そのため、文化財の修復やよほどの思い入れがある先祖から受け継いだ豪邸などに関する依頼が大半を占めています。

上棟時から取り換えられていない部位を選んで基準点を決める。

古い建物では敷居を取り換えたりし、見た目をとりつくろっていることもあるので、まどわされないように気をつける。

曳家も含めて構造から直そうという工事よりも、ローコスト住宅を新築した方が安価になることも少なくありません。

家起こしなどの費用について「高い」と言われた時、老人医療を例にとって説明することがあります。90歳の病気のある老人を40代の健康な頃に戻すための医療費は、新生児を生むよりはるかに高くなります。

それでも「新築にない良さ」が残せる建物もあります。だからこそ費用をかけても再生工事を実施したいという方々がいらっしゃるのです。

家起こしは、曳家職人が行う技術の中で最も難しく、リスクが高い工事です。マスコミは、ついつい「家が動く」という分かりやすい絵面を欲しがりますが、家はレールに載せれば動きます。それほど難しいものではありません。

その一方で家起こしは、「足元はそのままで頭を動かす」という技術です。屋根の重さで固定している頭が重い建物を引っ張り起こすわけです。とくに社寺や古民家の場合、倒す・折るという恐怖と闘わなければなりません。

経験しないと分からないかもしれませんが、倒す・折るという恐怖と対峙しながら、責任を持って家起こしを行うという作業はかなり怖いものです。

危険行為を武勇伝のようにネット上に投稿している方や、それに賛辞を送っている方々がどう考えているのか自分には分かりませんが、請けた以上は失敗せずにきちんと直したいと考えています。

今から解説する「曳家岡本式　家起こし」の内容は、出来るだけ頭上に建物が落ちてこないように細工し、さらには相判する大工さんたちに助けて頂きながら改善してきたものです。これをとんでもなく工具を所有していなければ再現できない費用のかかる工事と考えるか、ここまでやれば美しい工事になるよ（施工しているのは汚いオヤジたちですが）と考えていただけるのかは、建築士の皆さまのご判断に委ねます。

では、曳家岡本式　家起こしの手順を説明していきましょう。

1．建物を水平に直す

ほとんどの歪んだ建物は、同時に沈下もしています。まずは水平に直さなくては、ホゾや仕口に無理がかかるだけで簡単には動きません。だからこそ先に沈下修正工事を行うのです。

この時、ＦＬ（フロアライン）や敷居を基準にしてはいけません。古い建物の場合､必ず何度か改修が行われていると考えるべきだからです。「改修されている可能性がある部位」を基準点にするべきではないのです。

鴨居や長押、梁など、上棟時からいじられていない部位から数字を取ります。

上腰工法で揚げる手順で､敷居より上に鋼材を組んで､仮設の土台を造ります。その仮設の土台は1本の柱の両側に組みます。

曳家さんによっては、上腰工法を実施する際に、持参する鋼材の量を減らすために柱の片側のみに鋼材をワイヤーや金具で縛り付ける方もいます。しかし、家起こ

桁の末端にジャッキを掛けてこの部分の管柱の根継ぎをする。

左側から2本目、3本目は直下率を考えて、移動して入れ直した柱。

しを行う場合、柱が2方向、可能なら4方向に向けて動く必要があるので、ワイヤーや金具で固定してはいけません。上の写真ように両側に鋼材を流して、その上を枕木で渡していくのです。

基点とする敷居から20㎝程度を下面として、鋼材の仮設の土台を水平に組み上げます。その枕木の上に、沈下修正を出来るように両側に1台づつジャッキをセットします。

これで家起こし前の沈下修正工事のセットアップ完了です。

2. 沈下修正工事

準備が整ったら沈下修正工事を実施します。この時、鋼材ごと持ち揚げるのではなく、柱ごとに掛けた2台のジャッキを土台揚げ沈下修正工事と同様に沈下量に応じて順番に揚げていきます。これで建物が水平になりました。

3. 家起こし

次に梁にワイヤー（傷をつけないようにスリングベルトを使うことが多いです）を掛けて、下に組んだ鋼材に取り付けます。

ほとんどの場合、柱1本当たりが負担する荷重は2トン以下ですので、普通に組んだ鋼材の仮設土台で反力を確保できます。そもそもこの鋼材の仮設土台は建物の荷重を受けている状態ですから、「建物の重さ＋鋼材の重さ」で動き難くなっていま

空き地側に鋼材を組み上げてそれをウエイトにしてレバーブロックで引き締めている。

右側に13cm倒れていた。

す。

しかし、過去に1度だけワイヤーを引き締める力に負けて10トン分の鋼材を組んでいるにも関わらず、仮設の土台が7㎝ほど動いたことがあります。もし周辺の敷地に余裕があるなら、サッポードや控えによってずれ防止も施した方が良いでしょう。

ワイヤーを掛ける時には出来るだけ水平に引くことで、無理なく引き締めることができます。敷居より上に上腰工法で組んでおくことは、後の据え付けのことも含めて理にかなった方法なのです。

また、必ず、梁下面まで枕木を組み上げて、ジャッキのポイント数の半分程度は支えるようにします。建物をレバーブロックで引き締めた時に、万が一、動きすぎて建物が倒壊することのないように支えられる面を作っておくのです。

上の画像は、２０２３年1月～2月にかけて京都府宇治で施工させていただいた家起こしの現場写真です。

画面右側方向におよそ13㎝傾

甲浦八幡宮の家起こし。前ページの家起こし技術に合わせて海老虹梁側からも応援で押している。

千葉県いすみ市での農家の家起こし。丸桁を先付けして押している。

いでいる建物を左側方向に家起こししています。左側には建物の荷重を受けた鋼材で作った仮設の土台を伸ばしておき、さらにその上に鋼材を組み上げてタワーを作っています。ウエイトにもなりますし、何よりもワイヤーの角度を緩く出来る効果があるのです。

上の画像の現場は、高知県東洋町での甲浦八幡宮の家起こしです。こうした神社の場合、鴨居より上に彫り物がたくさん組まれているため解体して梁を突くということができません。

そこで、差鴨居にワイヤーを掛けて、さらに倒壊防止のために組み上げた枕木の内部でもジャッキを斜めに突き、「かやし」をしつつさらには家起こししたい側とは逆

これは廻船問屋を逆家起こしするために1階の梁を突き揚げているところ。これで柱脚が軽くなって動きやすくなります。もちろん柱が落ちると困りますので、全ての柱に金具で添え柱を取り付けて柱だけを受けている状態です

田舎の玄関側のみ大きな丸桁（がぎょう）が使われている場合は光つけをして丸桁を押し込む

逆家起こしをする。組んだ鋼材から反力を取って柱脚を押している。

方向である向拝柱方向からもサッポードを斜めに掛けて押しました。

徳島県美波町で登録有形文化財　廻船問屋「谷や」住宅の家起こしを行った時は解体範囲を1階のみにするために、上腰工法で柱を持ち上げながら、1階の梁を組み上げた枕木から突いて柱脚への負荷を減らして足元を動かすという方法を採用しました。

頭を動かさず、足元を動かすという「逆家起こし」です。この場合、元の礎石（もしくは石壇）から柱の位置がずれるので、固めてから全体を「かやし」で動かして元の位置に戻さなくてはいけません。

ただし、敷地に余裕があって基礎を作り換えるケースで、20㎜～40㎜程度の位置の変更を気にしないのであれば「かやし」は不要です。

実際の家起こしは、梁にワイヤーを掛けて引き締めつつ、柱脚が引き釣られて同じ方向に一緒に動いてしまわないように足元を逆方向に軽く押しながら行います。

仮筋交いは釘打ち、ネジ締めは避けたい。

古民家の据え付けではミカゲ石のパッキンを使ったりもする。
中国製だと1枚400円程度だが精度が甘いものもある。

4. 仮筋交いを入れる

家を起こしながら、順番に仮筋交いを入れていきます。曳家岡本では、家起こしは宮大工や伝統構法の大工と相判に行います。そのため、仮筋交いの挿入も早くてきれいです。

仮筋交いに使用する木材は檜の2つ割り。軽い建物は別ですが、杉では戻ってきた力に負けて潰れてしまいます。檜でも潰れやめり込みを意識し、やや強めに効かせていきます。仮筋交いを木ネジや釘打ちする方もいますが、出来る限り欠損を少なくしたいので、上の画像のような施工を行うのです。

5. 据え付け

剛構造に変更するわけですから、据え付けでは土台を敷きます。この時、大黒柱、恵比寿柱などの小口の大きな柱を無理やり土台に据え付けようとして、「土台の切れ端を両側から抱かしてボルトで縫い付けたものの上に据え付けて欲しい」と言う建築士がいます。

もちろん建物に対する責任は建築士が負

据え付け直前に上腰工法に換える。

開口部分を少なくするために左側の柱のみ片受けで添え柱にしている。

うわけですから、自分たち職方は指定されたことを忠実に実行します。しかし、実際にはそこの部分は柱勝ちにすれば良いのではないかと思ってしまいます。

土台には白蟻被害などが少ないという理由からから、豪雪地帯以外では杉の赤を使うことが多いです。白蟻に強いことと安価であることから、黒の杉（黒芯、黒柿とも呼ぶそうです）を使うことを検討したこともあります。それをＦａｃｅｂｏｏｋ上でも投稿したところ、色々なご意見を頂きました。この件はやや長くなりますので、次の章にまとめて書かせて頂きます。

いずれにしても、樹種の問題ではなく通気の確保が建物を保全するうえで重要です。新たな土台に据え付けた際に、基礎パッキンや木片を挿入すること（ネコ土台）が一般的ですが、御影石のパッキンも意外と安価です。今は少し値上がりしているかもしれませんが、１枚３００円程度で購入できます。

通気以外にも、すえつけ前には土台の下面に防蟻剤を直接塗れるまたとない機会ですから、白蟻対策にホウ酸系防蟻剤「ボラケア」を塗布することを推奨しています。ホウ酸系の防蟻剤は人体に害が無いだけでなく、効果が30年~40年続くという特性を備えています。

一般的な防蟻剤であれば5年ごとの塗布が必要なので、費用対効果という点でも優れていると思います。「ボラケア」は40℃のお湯で希釈して使うので、ケトルや温度計を準備しておく必要があります。

実際の家起こしの見積もり金額例を記載しておきます。

なお、大量の資材を運搬しますので現地までの距離で運送費用が変わるだけでなく、現地に大型トラックが横付けできるかといった条件で費用が100万円程度は変ります。この見積もり金額は、すごく歪んだ40坪ほどの古民家を家起こし（軸組補正）した後に、一旦、曳家して敷地から出して、べた基礎を造ってもらってから曳戻して据え付けるまでの金額です。

これ以外に大工による木工事や電気、水道の取り直しなどの費用も発生します。家起こしだけであれば、およそ4までの項目となります。

【B：曳家工事作業分】

5：曳家工事作業

曳家用追加資材運搬費用 千葉県〜○○市Ｈ網鉄骨使用料　@500×12週×80本　¥480,000—

枕木　@100×12週×800本　¥960,000—

レール　@300×12週×50本　¥180,000—

ウインチ周辺工具　¥40,000—

小計⑤　¥1,660,000—

（この金額は、日本曳家協会のレンタル料金を参照しています）

値引き　50％off　¥830,000—

6：曳家実施工事費

資材輸送費　13・5トン車×往復（130000×2車）　¥260,000—

曳家用Ｈ網組み直し　¥300,000—

（柱下より下に仮設車輪を取り付ける必要があるため）

レール敷き（2回曳き）　¥600,000—

曳家（2回曳き）　¥600,000—

レール・ウインチ等撤去　¥200,000—

仮組み　¥250,000—

（1回目の曳家終了時に仮置きするための手間です）

小計⑥　¥2,210,000—

B：合計　¥3,040,000—

A＋B総合計　¥12,780,000—

税込み　¥14,058,000—

※運搬費につきましては、チャーター便の都合等で大きさが変更される場合があります。しかし追加費用をいただくことはありません。

別途条件

宿泊先の手配、費用負担をお願いします。

資材を降ろす、積み込むための借地の手配、費用負担をお願いします。

お手伝いにつきましては——

1 資材降ろし場から現場までの小運搬の手伝い　1名　3日間　3人工

2 現場から資材積み込み場までの小運搬の手伝い　1名　3日間　3人工

3 Ｈ鋼の組み立て、組み換え、解体時の手伝い　2名　それぞれ各2日間 12人工

——をしていただけることを前提として、お見積りをさせていただいてます。

古民家家起こし+曳家工事の見積もり

【A：家起こし・沈下修正工事作業分】

1：工具損料	
H網鉄骨使用料　@500×20週×134本	¥1,340,000—
枕木　@100×20週×1200本	¥2,400,000—
専用金具セット　@650×20週×150セット	¥1,950,000—
ジャッキ　@500×12週×150台	¥900,000—
周辺工具類	¥0—
小計①	¥6,590,000—
値引き　50% off	¥3,295,000—
2：運搬費	
資材輸送費　13.5トン車×3台×往復(2)（160000×6車）	¥960,000—
資材積み込み・搬出時人件費（16人工）	¥400,000—
現場内小運搬手間（8人工）	¥100,000—
小計②	¥1,460,000—
3：家起こし時使用工具	
レバーブロック　20組×@6000	¥120,000—
タンパックル他仮筋交い補助	¥120,000—
小計③	¥240,000—
4：実施工事費	
H網組立て	¥400,000—
梁受け枕木組	¥400,000—
添え柱取りつけ	¥400,000—
ジャッキセット	¥150,000—
沈下修正	¥600,000—
家起こし（大工手間は省く）	¥900,000—
嵩上げGLより80㎝	¥700,000—
枕木組み直し	¥200,000—
据え付け嵩下げ	¥400,000—
微調整	¥300,000—
H網、枕木解体	¥300,000—
小計④	¥4,750,000—
A：合計	¥9,740,000—

ホゾを入れる

石場建てだったものに土台を入れる場合や新たに柱を増やす場合、柱脚にホゾを付けなくてていけません。

大工だけで柱の入れ換えを行っている場合、曳家のように充分な枕木や工具を持っていませんから、サッポードで無理矢理突き揚げている様子を目にします。本来は1カ所ずつ順番に作ってゆく大工と、現場に入った時点で既に完成している建物を動かす、もしくは揚げる曳家職人では、そもそもの考え方が違います。曳家職人は「面」で考えています。

曳家は、建築士の視点に近いのかも知れません。

そういう意味では「点」で考えている大工は意匠的な収まり具合。つまり見た目が同じであれば、長いホゾを入れられるほどに持ち揚げることが出来ませんから、ほんの僅か10㎜程度しかホゾが入れられない、もしくはホゾを入れることを諦めて金具で取り付けている場合もあります。

これを「仕方がない」と考えるのか、より良い施工を検討して、専門職（曳家）を招聘してまで施工するのかは、建築士およびお施主さんのご判断となります。

きちんと持ち揚げて、長いホゾを付けて据え付ける時、工期や予算が許すのであれば、ホゾを僅かに斜めに刻みます。こうすることで、引き抜きに対して抵抗する力が増すからです。

こうした一つ一つの小さな積み重ねで構造的に強く耐久性の増した古民家再生となります。

かさ揚げした建物をすえつける際に、どの程度までスミを追いかけられるかの実施例。スミが間違えてなければ1mmくらいまで追いかけられる。

柱を追加する

時おり、柱を入れ換えるのではなく新規に挿入する作業をすることがあります。その多くはリフォーム工事の際に間取りを広くとるために、何本かの柱を抜いてしまい不具合が起きているケースです。

他の例としては、新築時から柱の本数が少なく柱のある直下部分のみに負荷がかかり過ぎて、沈下が起きているケースなどもあります。こうなると基礎ごと持ち揚げるアンダーピニング工法などでは修復できません。

ここでは柱を新規に挿入するための具体的な修復方法を解説します。

まず壁の中に残されている柱の長さを特定するために、沈下している周辺の壁を解体します。柱が沈下している部分の梁と土台の間と同じ長さであれば良いのですが、多くの場合、たわんでいます。

そのため、柱が入るように梁と土台を広げなくてはいけません。多くは梁を揚げることで解決します。

次に土台と梁の間にサッポードを立てます。これは新しく入れる柱の位置から20㎝程度逃げておけば良いと思います。このサッポードが沈下を直す間の仮柱となり、屋根や2階部分の荷重を正しく受け止めてくれます。

柱を入れ換えるためには壁、床を撤去しなくてはならない。この現場では幸い工事はそこまで進んでいなかった。

垂れた梁を持ち揚げるためのサッポード下に掛けたジャッキと、沈下した土台に掛けたジャッキのどちらを先に揚げていくかですが、まずは梁を持ち揚げます。この時によほど軽くスルスルと持ち揚がらない場合、梁側を揚げるのは一旦休止して、土台側を揚げます。

土台側は、沈下している部分を全体的に水平に直します。その後、梁側を柱の長さまで追いかけて揚げます。

土台の入れ換えの技術と似ていますが、柱を入れ換えて天井の高さを変えることもできます。1階部分の梁を出しておいて、そこにジャッキを掛けて持ち揚げます。そうすると柱と土台は下に残るわけですから、引き抜ける高さまで持ち揚げた後に、新しい柱と入れ換えていきます。この際に、高く持ち揚げると途中で「家が踊ります」から、かやしやレバーブロックで据え付けの際には立ちを直さなくてはいけません。

1階の梁まで持ち揚げるだけの枕木と鋼材が必要になりますので、建物の大きさによっては大手の曳家さんでなくては対応できない場合もあります。弊社だと、1階部分で150坪くらいまでなら自社保有資材のみで対応出来ます。

さて、上の参考画像の現場は、あるプレカット業者さんがCAD図面の数字の入力ミスから階高が梁成の分だけ足らなくなっていた（柱が30㎝くらい短かった）ものを、持ち揚げて長い柱に入れ換えている写真です。

各箇所に枕木を組んでジャッキを掛ければ良いというわけでなく、出来るだけ安

一旦かさ揚げするにあたって現状の柱は再利用しないということで、柱と柱には直接ボルトを貫通させてもらうことで工期を圧縮した。

定して面で持ち揚げるために、土台より上にＨ鋼仮設の土台を組む必要があります。

そのＨ鋼の上に枕木を組んでいきます。そうしておいて、この枕木を梁の下面まできっちりと詰めていきます。これで安定感のある仮の柱、仮の壁となる山ができるのです。

次に下方に組んだＨ鋼にジャッキを掛けて、ジャッキアップしています。柱が抜けて倒れると危ないですから、添え柱を縫い付けます。この事例では抜いた柱は再利用しない、なおかつ急いでいるということから全ネジボルトで抑え込んでいきました。

そして新しい柱を入れ換えられるだけの高さに持ち揚げたら、現状の柱を引き抜いて入れ換えていきます。

据え付け前には「かやし」とレバーブロックで柱の立ちを確認しました。この現場は、１階部分だけでも１００坪もありましたので、13・5トントラック５台分で資材を運びました。

このような工事相談が、近年は1年に1棟程度寄せられるようになりました。ＣＡＤ図面の数字の入力ミスか

かさ揚げした梁に「下から」柱を入れてゆく。通常の新築工事とは逆の手順。

「かやし」の技術を使って、建物のすえつけ位置を微調整していく。

柱を入れ換えてすえ付けが完了したところ。土台の上に柱をつかんでいた金具が載っている。

ら発生した不具合事象ですが、コンピュータの発達で起きた事故とも言えます。どうぞご注意されてください。

土台の入れ換えについて

曳家したり、建物を持ち揚げて基礎を作り換えて据え付ける時に、土台を入れ換えることがあります。また、それまで石場建てであったものを「べた基礎」、もしくは「布基礎」に仕様変更することもあります。

家起こしを行った建物ではこの作業が必須になります。家起こしが必要なくらい歪んだ建物は癖や荷重バランスが悪く歪んでいるわけですから、剛構造に変えなくてはいけません。剛構造にするためには土台を入れ換える必要があるのです。

新たな土台を設置する時、一般的には強度や入手のしやすさから檜を使うことが多いのですが、職業柄、白蟻被害にあった土台をたくさん見てきました。そのため、白蟻被害に遭うリスクを減らすための方策を色々と考えてしまいます。

もちろん前述したように通気を確保することも重要ですが、ホウ酸系の防蟻剤の塗布なども考えます。さらに将来的なジャッキアップの可能性を考えると、固い材質のものを使っておきたい。杉や集成材では硬度が不足しています。

杉の赤身同様に防蟻効果があって、それでいて固いものとなるとオーストラリア檜（サイプレス）となりますが、4寸角で1ｍあたり8000円前後もかかるので現実的ではない。

吉野の黒杉（写真は吉野中央木材株式会社提供）

積雪地帯でなければ、杉の赤身を入母屋の立派な住宅で土台に使っているものもあります。自分は、ここからもう1歩踏み込んで「杉の黒身」を使ってはどうかと考えたりもします。

杉の黒（黒芯とも言います）は、かつては白いものが美しいとされていたことから、「病気の杉」とも呼ばれていました。今では生育環境による土中の鉄分などによって黒くなることが知られています。強度的には杉の赤身と同等か、少し上程度（個体差があります）ですが、耐久性は高いと言われています。

問題は、2年程度の自然乾燥を行っても含水率が20％という点です。乾燥が不充分な木材を土台に使う場合、ホゾ穴を貫通させておき通常より長いホゾを付け、僅かにホゾ穴より5厘程度短くしておきます。乾燥によって木材が縮んだとしても柱勝ちになるよう細工しておくのです。これによって収縮後も健常に収められるのではないかと考えています。

過去に黒杉を土台として利用している事例は数多くありまし、自分の周囲にも黒杉を土台に活用している建築士、職人が若干名いるので、利用できる可能性は高いはずです。

バイオマス燃料材として燃やされてしまうことの多い黒杉ですが、安価に入手できるというメリットもあります。国産材のさらなる活用という点から考えても、黒杉の利活用に取り組むべきではないでしょうか。

ただし、不人気のため市場で出回る機会が少なく、まとまった本数を欲しいとなると銘木店などから譲ってもらうことになるため、割高になってしまうという実情もあります。

自分は、親しくしていただいている製材所さんに、「市場に出たら仕入れてストックしておいて欲しい」とお願いしています。

引退するまでに理解のある建築士さん、お施主さんと出会って、黒芯の大きな土台に入れ換えてみたいと夢想しています。

石場建ては礎石の上に連結せずに「置いておく」のが基本。高基礎にはするべきでない。

石場建ての据え付け考

石場建ての場合、独立基礎の高さはせいぜいGLからは10㎝程度のものが多くなります。「(地震力を) 揺れていなす」という発想から、天端から落ちても大きく壊れない高さだからでしょう。しかし、近年のゲリラ豪雨などで柱脚が湿気を吸い上げてしまって、水腐りを起こしているケースも少なくありません。

そのため、近年では一旦、コンクリートで平らなべた基礎を作っておいて、その上に礎石を設置するという工法も増えてきました。風情は劣りますが、メンテナンスを考えると「仕方なし」と思います。そこまでの努力をしてまで石場建てにこだわる建築士や施主さんが、いらっしゃるわけですから。

曳家も携わらせていただいた建物の柱の据え付けには注意を払わなくてはいけません。一部の曳家まがいの業者であれば、据え付けは「成り（ゆき）」で納めてしまいますが、誠意のある曳家は「どう据え付けるべきか」を建築士と一緒に考えていきます。

例えば、光付けの費用を抑えるために礎石の天端をほぼ平らにするのは、曳家による「組み上がったものをいきなり据え付ける」工事だとやむを得ません。

何度も据え付けて、ジャッキアップをしてという作業を繰り返していると、とんでもない費用になってしまいます。

その一方で費用がかかってもいいから、より適切な据え付けを行いたいというお施主さまもいます。そういう依頼主がいた場合の対応事例を紹介します。

GLに礎石を設置する前に先に底板を作ります。その上に30㎝×30㎝、高さ10㎝程度の礎石を設置していきます。

もしも「コンクリートの底板の上に礎石を置くと、伝統構法としての意匠的な風情が無くなる」と考えるなら、地盤に鋼管杭を打つといった対策を施し、その上に礎石を設置してしまうのも「あり」です。その礎石の上に基礎パッキン代わりに御影石を敷くことも「あり」です。御影石を敷くことで、地震時に滑ってくれることで破壊から逃れられるという考え方があります。

ところで、水切りなどの絡みが無ければ、独立基礎と御影石は30㎝×30㎝とやや大きくめに設置します。これは東日本大震災の際、大きなお寺が〝散歩〟した距離から考えだされたと思います。

逆に過去の石場建て独立基礎の再設置に関する考え方としては、まず柱脚の揺れ止めのために、独立基礎の天端の真ん中にアンカーボルトほどのものを20㎜程度突出させていました。

近年では、3寸5分や4寸程度の柱であれば、そのボルトが亀裂を誘発するのでこの方法は行わなくなりました。

しかし全否定するわけでは無くて、尺3寸程度の欅の大黒柱などなら、「あり」か

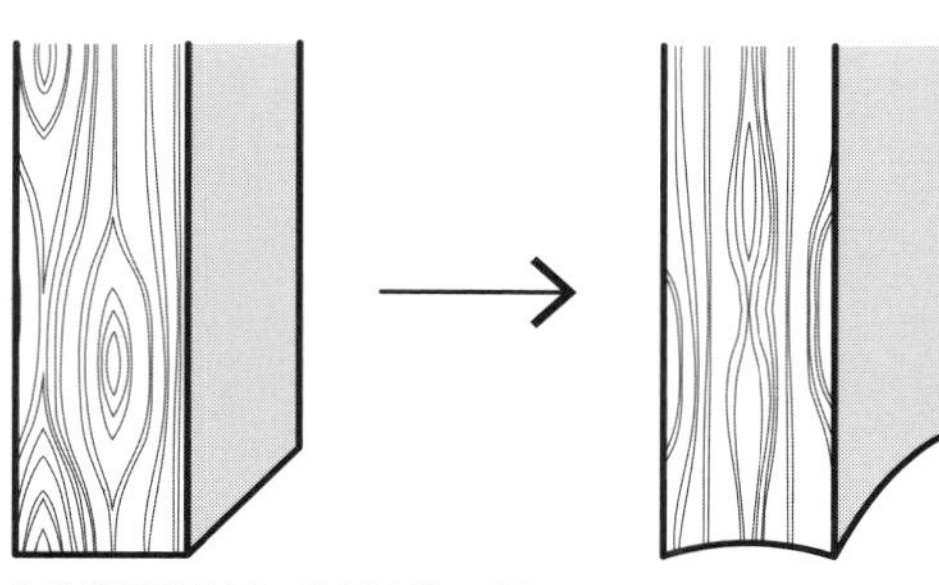

牛乳瓶の底をイメージすると良いです。

もしれません。

この方法は、ゼネコンが手掛ける社寺新築現場で、もともと沓石とダボで連結させていただけの向拝柱を、倒れとずれを防止するために沓石から60㎝の長さのM16ボルトを伸ばしている事例を目にした時に自分なりに思いついたものです。

「お前！石場建てと言うなら、きちんと光付けもしないと駄目だ！」と言う方もいると思いますので、光付けについても少し書かせていただきます。

真ん中が尖った石の形状に合わせて光付けした柱は、穴を開けられているわけではなく、平にカットしたものよりも接地面が広くなります。ボルト穴のような欠損が存在しないので強度的にも優れています。

ただし湿気対策がより大事になります。小さな小口（4寸程度まで）なら行うべきか否か迷うところですが、ある程度大きな断面であれば御影石への接地面の真ん中周辺を僅かに5厘程度削って、外周を少しだけ勝たせます。牛乳瓶やコカ・コーラの瓶の底をイメージすると理解しやすいと思います。こうした細工を施すことで座りが良くなるだけでなく、湿気を浴びた柱脚の外周は乾きやすくなり、内部がなかなか乾かないという状態を緩和できるのです。

こうした細工は、かつては上棟時にしかできないものでしたが、曳家の技術を使えば、高く揚げておいて底面から鑿や鉋を使って作業することが可能です。

こうした知識は法隆寺の改修工事の際に発見されたそうです。我々が何度も「車輪の再発見」を行わないように、ここに書いておきます。

沈下をした柱を持ち揚げる際に、通常は柱と天端の間に詰め物をして水平に直します。

この詰め物は3㎝程度までであれば鉛を使いますが、それを越えると固い木を基礎パッキンのように挿入します。

パッキンに鉄板を使用することを指定する方もいますが、結露が発生する要因になります。鉄板を使ったために柱脚が腐っている事例を見ることも少なくありません。

曳家は、かつて樫や栗をパッキンとして使ってきました。しかし、いつ頃からか入手が困難になり、ホームセンターなどでも入手できる檜を使うことが増えていきました。

自分はこの変化は劣化だと捉えています。だからこそ、固くて白蟻に強いオーストラリア檜を使っているのです。

「構造塾」の佐藤実先生にも現場見学の際に見ていただいて「充分、荷重を持てる」と確認して頂きました。ただ、今はオーストラリア檜の輸入量が少なくなっているので、同種のイタウバも使っています。

樫も倉庫で自然乾燥を行い、7年ものになった5寸角で1200㎜の長さのものを100本ほど保管しています。暴れも落ち着いてきたので楽しみです。30本くらいは赤樫です。

なぜパッキン材にこだわるかと言うと、1㎜を追いかけて一生懸命直したものが、据え付けた途端に家の重みで1㎜潰れると哀しいからです。構造材が杉ならパッキンにも杉を使えばいいのではないかと思うかもしれませんが、原価にして1万円も変わりませんから、できるだけ固い材料を使っているのです。

しかし意匠的にパッキンが見えてはいけない場合もあります。こうした場合、基礎ごと持ち揚げる「耐圧板工法」や「アンダーピニング工法」も選択肢に入れなくてはなりません。

曳家するのであれば、移動先の礎石を移設する位置に鋼管杭を打ち、その上に礎石を設置しておけばいいわけですが、曳家せずにそのままの位置で作業をするとなると、先の2つの工法を採用することになるのです。

この2つの工法を採用するケースでは、べた基礎でも布基礎でもないので、礎石の下に穴を掘って鋼管杭を入れようとすると礎石と柱が落ちていきます。そこで、先に上腰工法で柱を吊り上げておいて、さらには礎石も鋼材で挟み込んで落ちないように細工しておいてから、礎石下を掘削して、杭を入れるという手順で作業を進めるのです。

次に、そのままだと杭もしくは耐圧板を地中に押し込む反力を確保できないので、上腰工法で組んだ鋼材にさらにウエイトとなるように鋼材を載せます。こうしておいて礎石ごと持ち揚げることもできます。

この工事方法は、自分が4年前に都内にある老舗店舗の修復の際に考えたものですが、後日、大手曳家さんとお話したら、ほとんど同じ内容で既に先行例を実施されていました。自分の方は、費用対効果から実現しませんでしたが…。

ちなみに、一般的な石場建ての地盤補強は薬液注入工事となります。礎石を中心にＧＬから３ｍほどの深さまで改良してＮ値を高めて再沈下の可能性を少なくします。

いずれにしても自然石を使った礎石は、コンクリートによる底板が施工される前だからこそ意味がある工夫です。そのためコンクリート底板があれば、そこで充分な摩擦力も確保出来ます。ですから意匠性という観点から不揃いの石を使用する意味はありますが、施工、費用面で考えると絶対に必要というわけではないと考えています。

同じような考え方を新築の２×４工法や在来木軸構法の住宅でも応用出来ます。基礎梁を造る際、剛床のように土台のある無しに関係なく、田の字に造っておけばそこで水平構面が出来るのでより強固な基礎梁になるのです。

時々、広めのリビングの床下に、大引きなのに基礎梁が存在している場合がありますが、あれは鉛直荷重を受けているものでは無く、水平構面を受けているものです。

曳家について

曳家について書くべきか否かと、随分と迷いました。

「構造を直す際にはあまり関係ないよな。いやいや、基礎が悪い場合は一旦、曳家しておいて基礎を造り替えて据え付け直すこともあるので。必要かも…」。

それにしても、曳家は大量の工具を必要とするため知識として学ぶことは出来ても、参考に出来ないかもと逡巡しました。

しかし、インターネットの普及でマルチポストのような問い合わせもあるので、そういう気分の悪い問い合わせを抑止するためにも、曳家の違いを書いておきます。

「弘法 筆を選ばず」という言葉がありますが、職人の場合は「工具 選びまくり」です。工具を選ぶところから、その職人がどういう工事、施工品質を目指しているのかが見えてきます。

曳家の工法の違いは、各社の事業規模やそれぞれの経営者の考える利益率が反映されます。

「15年間、勤務していたけど3棟しか曳家したことありませんでした」。

「うちも曳家なんですよ。25年間 やったことないですけど」。

これらは極端な例ですが、今は曳家に仕事を依頼する方も減りました。そのため、月額30万円~50万円ほどのweb広告などを打って全国展開をされている曳家さん（5社程度）と、今も曳家が盛んな栃木県の五月女建設さんを除くと、曳家（建物を移動させる仕事）は、年間2棟~3棟程度しかありません。普段は沈下修正やとび職や基礎工事を兼業している方がほとんどです。

かつて「我妻組」のご先代様にご挨拶させていただいた際に、「あなたは年間150日以上、曳家の仕事しているのか?」と聞かれました。「してます」と答えると、笑いながら「じゃあ曳家だな」と言って下さいました。

弊社の場合、とび、基礎工事、解体等との兼業はしてませんが、移動させるのは年間2~3棟です。それ以外は沈下修正工事や家起こしをして1年が終わっていきます。

その年にもよりますが、詰めると年間3ヵ月くらいは現場が切れています。

コロナ禍の時は8ヵ月も仕事が切れて廃業を家内と何度も話し合いました。それでも2021年7月からは、どういうわけか全く仕事が切れなくなりました。

まあ、大規模に3班体制で受注されている大手さんと比較すると、「本人も含めて3名+時々は応援」で1班体制でやっている規模ですから、現場が続いていると言ったところで「凄く忙しい」というのとは違います。

かつて家内に言われたことがあります。

「岡本くんは、テレビ出演して、漫画にもなって、本も出しているよね。これは他の人だったらもっと大きく出来ているよね。でもまあ、岡本くんの性格からすると頑張ってるね。大きなこと出来ないもんね。」

「ははは～、お代官様お目こぼしありがとうございますだ」ですよ。

曳家の施工内容について、一番分かりやすい使っているレールを中心に解説してゆきます。

1、板、木コロで曳家

昭和30年代までは主流だった施工方法。枕木の上に工事用の足場板よりやや厚く、幅30㎝程度の板を敷いて、それをレール代わりにする。

木製の直径5㎝長さ25㎝程度のコロを並べてその上を動かす。

コロを使って動かすことから、曳家の別称「転ばし」の語源となっている。

コロでの曳家は摩擦が少ないことから軽く曳くことが出来るメリットがある。

しかし、建物は均一の荷重で無いため、動いてゆく過程でコロが斜めになったり、前のコロとくっつくといった現象が起きるので、監理のためにセットウを持った職人が多く必要なことから廃れていった。

2、専用工具ソロバンで曳家

これは、コロ曳きの監理を低減するために、大きなソロバンのようなものを使っ

トロッコレールでの曳家。土佐派の曳家は一つ一つの工具は決して重くはない。そのため数量が必要となるが、木造の曳家工事には適している。

て足場板の上を動かしていた。

２０２３年現時点では見かけなくなりました。

3、トロッコのレールで曳家

山林鉄道トロッコ用に使われていた１ｍあたり６kg～９kgの小さなレールを使っての曳家。

レールに合わせて現場で組み立てられる簡単な四輪も開発された。

メリットは、例えば４ｍの長さのレールであっても24kgしか無いので手運びできる点。それゆえユニック車などが進入できない狭小地や建物の角度を変える工事の際には床下での移設が、比較的手早くできるといったメリットがある。

しかし、レールが小さいため建物に対して多くのレール道を設置しなくてはならないため、資材の輸送費が嵩む。

またＲＣ等の重い建物には不向きである。

4、鉄道のレールでの曳家

ＪＲやその他の鉄道の使用期間（６年）を過ぎたものを曳家工事に再利用しています。

１ｍあたり30kg～50kgと重いので、設置してしまえばレールの反りなどが起きないのでスムースに動かせる。

鉄道レールでの曳家。JRやその他の鉄道の使用期間を過ぎたものを曳家工事に再利用している。

このレールの上に載せるローラーや小型のモノレールのような車輪まで、いくつかの方法が開発されている。

デメリットとしては搬入搬出の人件費が嵩むので一定規模の工事でなくては費用対効果のバランスが悪くなる。

また、それゆえレールの本数を減らし輸送コストを下げようとすることが多いので、ＲＣ等の剛性が担保されている建物の場合、優位性が出る。

5、鉄道のレールでの曳家2

これはかなり重い建物を動かす場合に選ぶ方法です。

4と同じレールを使うが、単線ではなく20cm程度に近づけたレールを平行に設置して、足場板代わりにして、その上に鉄コロを置いて曳家する。

曳家用に造られた車輪の中にはベアリング等を使っていることが多いが、これらが荷重に耐えられなく飛んでしまう場合にこの方法を選ぶ。

6、鉄板の上を滑らせて曳家

べた基礎の新築物件で、配置間違いのため、20cmだけ基礎ごと動かしたいといったケースで選ばれる方法。

アンダーピニング工法や耐圧板工法などと同じ考え方で、基礎底板下をトンネル掘りする。その後、20cm程度のみジャッキアップして、動かしたい距離の3倍分程

こちらも鉄道レールでの曳家。べた基礎の場合、基礎ごと曳家する基礎共曳家工法が主流となってきた。
画像提供 株式会社我妻組

度の鉄板と鉄コロを底板下に挿入する。鉄板とコロの間には油を入れて動きやすくしておく。

そうしておいて、後方より底板を押すことで前へ動かします。

メリットとしては、少ない資材で動かすことが出来る。デメリットとしては地盤補強を必要とする立地であった場合、柱下に狙って打っておいた杭の位置がずれるため鉛直荷重を正しく受けられなくなる。理想を言えば移動させた後にアンダーピニング工法で杭を打ち直すべきか――。


ざっと曳き方の違いだけでも、このような違いがあります。

しかし実際には、使っている工具や学んだ流派でも大きな違いがあります。

長くなるのでレールだけに限って解説しましたが、実際には鋼材の組み方やジャッキの数と掛け方、枕木の組み方など多くの違いがあります。

今では、インターネットの普及でかつてでは考えられないほど膨大な量の情報を瞬時に得られます。

自分は、3番のトロッコのレールを使うタイプの曳家です。

大きなレールを使う曳家さんとは違い敷設するレールの本数が多いので、荷重が分散されます。

そのため、ホゾ、仕口を傷めることが少なくなります。社寺や古民家など石場建ての建物に向いています。

曳家に仕事を依頼される場合、多くは近隣の業者であるというだけで選ばれると思います。

しかし実際には、業者によって得意不得意があります。

大切な建物を曳家する際に、どの業者を選ぶべきかをお施主様に向けて適切に提案できる建築士、工務店さんが増えることを願います。

通気について

自分たちの技術とは異なる話ですが、最後に通気についても書いておきます。ほとんどの方はより良いものを施工したいと考えているはずです。それでも何年後かに「あの新工法は間違いだった」と判明するものが多々あります。

一部の工務店や建築士は他社との差別化のために、闇雲に「新工法」を積極的に採用しようとします。その中でも一番多くの問題を抱えているのが断熱工事ではないでしょうか。

自分は床下や壁が蒸れて腐食していたり、生きの良い白蟻が大活躍中の建物にたびたび遭遇します。木造建築を維持していく上で通気はとても重要です。昨年施工した家の床は大理石、柱は5寸の欅材を採用していました。現地調査に伺った際に、風窓も基礎パッキンも見えないので「どう通風しているのだろう」と疑問に思っていました。

また外壁に苔が生えている箇所が何点かあって、「建物が汗をかいているのでは?」と疑いました。

そこで職人としての見解をお施主さんにお伝えしておきました。これは、施工を始めてから予想外の瑕疵が明らかになり、追加工事費が発生するような事態を想定した予防線でもあります。

調査の結果、床下は土台天端まで埋められており、多くの土台下が白蟻被害を受けていることが分かりました。

さらに外壁には、胴縁が施工されておらず、柱に直接構造用合板が貼られていました。

相次ぐ不具合の発見にお施主様は「もうこの家に信頼性を持てなくなりましたので、工事を止めてください」と言われて、結局解体となりました。

ここまで規模の大きな話でなくとも、例えば腐食部分にモルタル詰めをして上塗りでごまかし、仕上げているケースもありました。将来的にさらなる腐食を促進させるリフォームをしている不勉強な方たちがいるのです。

「フレームを基礎に据え付けるまではそちらの仕事ですよね」と平然と言い放つ無責任な建築士に遭遇したこともあります。「なんて無責任なんだ!」と殺意が芽生えるほど怒りに震えました。これからは改修をもっと深堀りした建築士さんが増えてくださることを願ってやみません。

胴縁が施工されていないため壁をめくると湿気に呼びこまれた白蟻で腐食していた柱と土台。

床土間も土台末端までコンクリートを打設。その上に大理石を貼っていた。

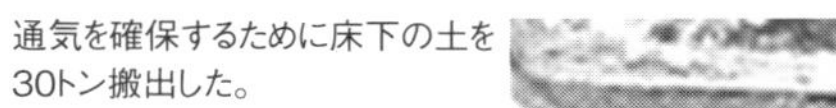

通気を確保するために床下の土を30トン搬出した。

曳家岡本が手掛けた施工事例

ここからは曳家岡本が手掛けた施工事例を紹介していきます。

施工例
1

千葉県茂原市「藻原寺」様
社(やしろ)の土台の取り換え工事

この施工事例は反則技ですので、若い曳家さんや大工さんが参考にしていただくのは良いのですが、あまりお薦めできるものではありません。

弊社の場合、バックアップをとれるくらいの資材も工具も豊富にあるため、可能であるということもあります。

さてさて、本題です。一級建築士育成指導プログラム「教育的ウラ指導」「合格ロケット」を主宰する（株）イエサブユナイテッドの荘司和樹さんから、お父様の建設会社さんが管理をお手伝いしている、千葉県茂原市の市役所前にあるものすごく大きなお寺、「藻原寺」さんの裏山にある「社(やしろ)」の土台や柱脚が傷んでいるんで取り換えたいというお話をいただきました。

荘司さんから「父や千葉県建築士会の仲間に曳家岡本の技術を見てもらいたい」というありがたいお気持ちをいただいてのお仕事です。

で…、普通は土台を取り換えるための嵩揚げというと、柱を掴んで持ち揚げるわけですが、柱が腐食によりボロボロでした。魔法は使えませんから、ボロボロの柱を掴んで持ち揚げることはできません。

できませんけど「やって欲しい…」ということなのです。

まず初めに考えたのは、足固めを土台代わりにして持ち揚げるということでした。これは、床下の深いお寺などの柱を持ち揚げる際に、足固めを抜いておいて、その穴に鉄板を入れてブリッジで持ち揚げる技です。昔から大工の世界では、実際の荷重の3倍の大きさのもので造作するという考えがあって、この3割程度の足固めも、3寸柱の荷重を受ける力があり、「合格」であると考えて良いということです。

しかし、傷みが激しい柱だったため潰れる心配があります。そこで柱に掛る荷重を減らすために、建物の外周に枕木を組み上げて、その上に鋼材を渡し、梁を突くことにしました。ただし脇障子（袖壁）を回避し、斗供（向拝柱の下の桁のあたり）との高さを合わせなくてはジャッキを掛けられません。

そんなわけで、多くの方はサッポードでなんとか凌ぐわけですが、サッポードの不安定感はこうした工事に携わったことのある方なら誰でもご存じの通りです。

辛いことはしたくない。でも、やった方が後から入る左官さんや大工さんが安全に作業できるような環境を創れる。これは人としての礼儀です。

約2週間後に基礎天端修復と新しい土台の設置ができました。据え付けです。ツルツルに鉋かけされたヒバの土台、根継ぎされた柱がお待ちくださっています。丁寧に鉋かけされた材は、綺麗なだけでは無く、表面が水をはじくようになります。今回のような土台が横殴りの雨で傷んだケースではやっておきたい処理です。

休憩時間に根継ぎするために鋸を入れたオリジナルの柱の樹種が分からなかった

と話題になったので、においを嗅いだり、触ってました。もちろん分かりません(汗)。

次に少しづつ降ろしていきます。「かやし」で〝踊った〟社を動かして墨を合わせていきます。「かやし」は、ジャッキを斜めに掛けて、枕木の上を滑らせて動かす技術です。

はい〜〜もうホゾが刺さりました！。

今回は、柱がかなり傷んでいたので、このような細工をさせていただきましたが、これはあまりお薦めできないです。どうしてもの場合、足固めを抜いて、同じサイズの鉄板を挿入したいですね。この社が軽くて、なおかつ、梁を突けたからできたことです。

工事のために階段を取り外すと、見えていなかった部分の腐食が目立ちました。

柱の自重のみを持てれば良いので貫を土台代わりにして持ち揚げる。

橋脚が傷んでいたので、梁にジャッキを掛けてそちらで荷重を持つようにした。

足固めの下面を鉄板で受けて持ち揚げている。

浮き揚がった土台を下面から見上げると、シロアリ被害を受けていることが分かる。

新しい米ヒバの土台を敷いたところ。

根継ぎした柱を土台に向けて降ろしている。

最もずれていた部分は基礎に対して3割程度しか土台が載っていませんでした。

施工例 2

福島沖地震の揺れにより、基礎から土台が半分ほどずれた家の修復

ここで紹介する事例は（一社）建物沈下修正業者連合会に相談が入り、事務局が現地調査をしたうえで、近接する山形県米沢市に本社のある曳家「我妻組」様が契約して施工したものです。当社はお手伝いでしたが、久しぶりに同業とのＪＶが楽しかったです。

家の傾き沈下量は最大部分で20㎜と小さなものでしたが、基礎が傷んでいたため修復して、地震保険に再加入できる状態に戻して欲しいという要望でした。

このような場合、本来ならば曳家しておいて、基礎を造り直してまた据え付けるという工事を行います。しかし、今回のケースでは、母屋部分をいじらずに施工するというだけでなく、できるだけ普段通りの生活をしながら工事を行うという縛りがありました。さらに費用面の問題もあり、土台揚げ沈下修正工事の要領で持ち揚げておいて、基礎を解体して床下で型枠を組んで基礎を作り替えるという施工をしました。

実際の施工では、基礎を解体してみるとアンカーボルトが４本しか入っていなく、なおかつそれが土台下にせいぜい５㎝程度しか出ておらず、ほぼ基礎に緊結してい

水切りの外に9cmほど飛び出して基礎がずれています。

ない状態でした。
そのため、根太掛けを座彫りして、アンカーボルトを新規に現行の住宅同様の本数入れなおしました。また、母屋と増築部分が最大で20㎜ほど開いていたので、それを「抜けたホゾを引き締める」の章で解説した通りに昭和ボルトや全ネジを連結

床下には増築前の基礎梁や犬走りがありました。

1階部分で20坪あるお家でアンカーボルトが4本しかありませんでした。しかもご覧の通り土台下から4cm程度しか出てない。

して反力のとれるところから引き締めて隙間を詰めました。
お施主さんたちの「こりゃたいした技術だ」と喜んでくださっている床上からの声が励みとなりました。

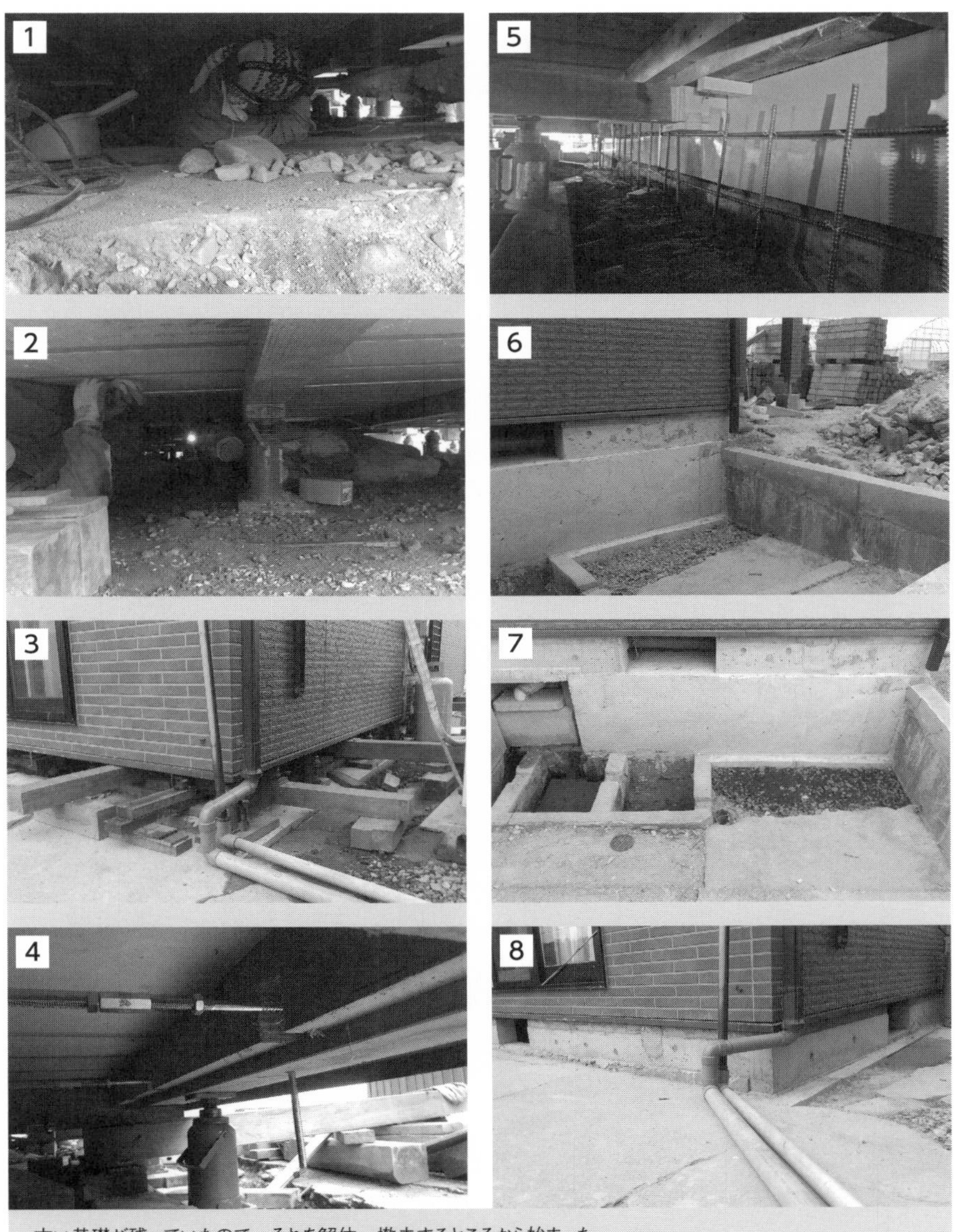

古い基礎が残っていたので、それを解体、撤去するところから始まった。

「かやし」と昭和ボルトで開いていた建物を引き締める。

そして、型枠を外すと新しい基礎の完成です。

20坪程度の施工範囲で3名、50日間（休日含む）の工事でした。

工期は長くかかりましたが、床も剝がさずガス水道もそのまま普段通りの生活が出来る工事でしたので、お施主さんも比較的、ストレスを感じることなく施工出来ました。

荷物の移動などが一切無いことがこの施工方法のメリットです。

確認申請の検査済み証を取得していない築古住宅を改築によって違法状況を解消し、生活クオリティを向上。改築後には検査済み証も取得した。

施工例
3

違法性を伴う既存建築ストック活用
検査済みのない建物を検査済み証のある建物に

最後の施工例は、曳家としての技術的なことはさほどすごいことをしてるわけではないのですが、「建築士さんが、その技術の特性を理解してくれていてそれを設計に落とし込むことで、こんなにも素晴らしい工事になったんだ！」と、かなり嬉しかった例です。

施工内容としては、ほぼスケルトンにした躯体を上腰工法で持ち揚げて、基礎を新築同様に完全に造り替えて据え付け直しただけの工事です。

ただ、この時に既存地盤を掘り下げて約１ｍ、ＧＬを低くしました。

この作業によって、階高が変わり空間が広々としただけでなく、昭和40年代の住宅によく見られる、玄関まで階段を何段か上がらないといけなかったものが、接道からの進入が容易にできる建物になりました。

現在は建築設計・監理を行う（株）トゥイズムデザインスタジオと併設する形で喫茶６３３がオープンしています。

谷中銀座での買い物帰りなどの休憩スペースとして、ほんの少し奥まったところにあるカフェに地元民のように座るのもカッコいいです。

改築後の建物は
カフェとして利用。

さてさて、そんなわけでここの解説のみ、実際に設計された（株）トゥイズムデザインスタジオの後藤さん、木原さんにお願いしました。ちなみに、この物件は２０２３年のグッドデザイン賞を受賞しています。

背景

確認申請の検査済み証を取得していない築古住宅を入手。本来であれば建て直しする予定でしたが、建設コストの高騰などにより、全面建替を断念。しかしながら違法状況を解消し、生活のクオリティを増すため、改築（確認申請上は4号建築のため、増築）を行い、現行法規に合格、検査済み証を取得した。既存の建物フレームも7〜8割利用したこともあり、既存材の活用もできている。

経緯とその成果

日本の伝統文化である曳家の方に揚家を行ってもらい、工事途中で経過を友人設計事務所と勉強をさせてもらいつつ、工事をすることができた。伝統的な建築物でなくても、曳家・揚家の技術を活かすことで、効率的な工事に繋がった。また、新耐震の建物であっても、確認申請の検査済み証を取得していない建物の場合、必要な構造（基礎配筋、耐力壁）がないということを実感した。今後、検査済み証のない建物で、表面的なリフォームをしてしまうと、そういった部分が覆い隠される懸念があるため、十分な注意と認識が必要だと学んだ。

関東大震災で倒壊した家屋の陶器やゴミなど廃材が埋まっていたものを全て撤去した。

仕様

敷地面積：64・08㎡
建築面積：46・81㎡（内増築部分3・30㎡）
延床面積：94・51㎡（内増築部分11・07㎡）
建物高さ：9・897m
構造規模：木造（在来工法）・2階建て（4号建築）
主要用途：一戸建ての住宅

PS

後藤さんとの会話の中で、「階高を稼ぎたいのもあったけど、周辺の地盤状況と地盤調査の結果、表層より1mは信頼性のないガラの入った盛り土であろうことからこれらを取り省くという意味もあったんですよね」と、お教え頂いたことがすごく印象に残っています。

確かに施工中、たくさんの関東大震災の際に埋められただろう陶磁器くずなどが出てきて、この調査通りでした。

我々は実務者です。現場に行って白蟻被害にあっている柱や土台を見つけて交換することは出来ますが、こうした全体を見通したデザインは出来ません。

基礎を造り替えるために「上腰工法」で、柱を掴んで持ち揚げている。

この現場を通じて、建築士と現場職人の幸せなランデブーは、もっともっと可能性があることを改めて教えていただきました。

京都日記

親方の仕事は仕事を決めることと段取りです。
工事に関わる全ての方々がスムースに動けるように
常に先手をうって段取りしている様子をお伝えしたく、
京都府宇治市での「家起こし」工事の
決定から撤退までを日記風に紹介します。

２０２２年

12月８日（木曜）――東京 上野〜千葉県いすみ市

上野 谷中での基礎造り替えのための嵩揚げ工事、撤退。

朝から道路使用許可を取っていただき、警備員２名で交通整理。なかなかパンチの効いた誘導で作業はスムーズに進む。

移動中に京都の建築士の寺川さんから相談の電話が入る。

「工期と予算の都合もあって依頼できないと思うけど、アドバイスを貰いたいんで、近くを通過する際に寄って貰えないか」。

かつて、雨の中で平等院観光ガイドをしてくださり、川沿いのお蕎麦屋でご馳走してくださった寺川さんからのお願い。寄らせていただくことにする。

寺川さんとしては、なんとか弊社を招聘して、実際に施工できないかと密かに夢見てくださっていたそうです。

上野からの資材を10トンユニック車から降ろしたところでお昼休憩。

12月９日（金曜）――東京 江東区

堅田工務部長は、一旦、愛知県の自宅に戻る。

宏くんは、成田空港からＬＣＣで高知の自宅へ戻る。

2名は12日（月曜）に、高知県土佐町の倉庫で合流して、徳島県吉野川市の現場での据え付け作業に出発。

自分は、13日（火曜）に○○県で古民家の家起こし工事の相談を頂いていた案件の現地調査をした後に、15日（木曜）に寺川さんを訪ねて京都府宇治市に伺うことにする。

12月13日（火曜）――関東某所

見事に歪んだ茅葺の古民家。

歪んだ古民家を軸組補正したら、元に戻らないように「柔構造を剛構造に換えるしかない」ことを説明する。

建物の敷地内に廃屋となっている馬小屋跡があって、もしこの建物を解体しても良いならば一旦、曳家して現在地から動かしておいて、基礎工事をしてもらった方が我々の施工費は増えるが、建物の下で基礎工事をするより、基礎工事費は安くなるし、何よりも良い工事が出来ることを説明。

納得していただいたところで、ほぼ同様の古民家の曳家工事をしている動画を見て貰もらう。

話が弾んだところで、「実は地元の行政の窓口の紹介で近隣の曳家さんに見て頂いたのですが、『これは難しい』と何度もつぶやかれて、具体的なお話がされないまま帰られてしまったのです」と言われました。

いや、ほら、自分らはこういう案件が大好物なんで、仕方ないです（汗）。

お見積りをご依頼いただきました。

12月14日（水曜）――滋賀県某所

○○県からの移動のマージンをとって、翌日の京都まで近い滋賀県の水口センチュリーホテルに泊まる。
移動中は誰かに会う用がない限り、郊外の駐車場無料のホテルを選ぶ。ここは隣にアルプラザがあって、そこに小さなシネコンもある。

旅先でクールダウンしたい時には映画を観る。観なくても近くに映画館があると安心する。幼少時代に高知東宝の自転車預かり番小屋で育ったからかも（笑）。

とにかく観光旅行ではないので、食事もスーパーマーケットでの弁当やお惣菜、もしくはフードコートで簡素に済ませる。

東京に出てから、こういう日常のお金の使い方を勉強しました。

都会にいると本当に色々なものが高い。それゆえ誰かと会食するといったことがない限り、本当に普段は質素。

田舎では、物価が安いから、ついつい財布の紐が緩い生活になっていました。

右側に倒れている古民家。左側の駐車スペースを有効活用すれば可能性は広がる。

12月15日(木曜)――京都府宇治市

うぎゃーん。指定された場所に向かってゆくと、むちゃくちゃ観光地じゃないですか‼。

なんなんですか！、この「THE京都」って感じは。そして平等院の土産物店の並ぶあたりに向けて渋滞があるなか、「これで合っているのかな？」、「すごく嫌なところにはまま り込んだら怖いなー」と心配しながら進む。

ほぼ現地に近いところまで来たので迷わずコインパーキングに入れる。

人間は自分の住み慣れた場所から60㎞以上離れるとストレスを感じると言いますが、とにかく、なるだけ仕事以外では無理しないようしています。

なので、不慣れな土地だと、まずコインパーキングに駐車して立ち位置を安定させることにしています。

寺川さんに電話。

自転車で迎えに来て頂いて現地へ。現場の隣には寺川さんのお父様の所有する空き地があるので、そこにトラックを移動。

現場到着。

レーザーポインターも持参していたのですが、見事な倒れぶり。水平も悪いけど、それより柱が倒れているので「家起こし」工事が必要と答える。

壁をふかして、床を調整してリフォームしようとしているが、現場の大工さんも「直して貰えるなら、その方が自分たちとしても仕事が早くなる」と言う。

途中から、お施主さんも参加されてのご相談。本書の前半に書いた、水槽の話や坂道を自転車で登る話をする。

寺川さんのお話も伺っていたので、正直なところご依頼いただけるとは思ってないため、ただただ正論をお伝えするのみ。

自分の役目はおそらくは正論を伝えたけど、工期と予算の都合でそれを選択できなかったことを理解していただくための説明担当かな。

12月16日(金曜)――岡山県倉敷市

寺川さんから、もし依頼した場合の工事スケジュール案を出して欲しいとのご依頼。ホテルロビーで作業。

一旦、曳家して基礎工事業者さんに、べた基礎を作ってもらってから曳戻して土台に据え付けるパターンと、独立基礎に据え付ける場合のスケジュール案を書く。

現地調査後、12月16日時点での施工スケジュール案。実際には施工内容が変更になるので短縮された。

岡山にて（一社）建沈連に所属する、ＭＬＢの佐藤さんと夕食。

12月16日時点でのスケジュール案

1月7日（土曜）　大型トラック　3台ないし4台　午後 京都入り
8日（日曜）　休み
9日（月曜）　小運搬、解体、下屋切り離し
10日（火曜）　同じく
11日（水曜）　同じく
12日（木曜）　同じく
13日（金曜）　H鋼組み立てのための枕木組み立て
14日（土曜）　同じく
15日（日曜）　休み
16日（月曜）　H鋼仮受け土台組み立て
17日（火曜）　同じく
18日（水曜）　添え柱取り付け
19日（木曜）　同じく
20日（金曜）　同じく
21日（土曜）　家起こしワイヤー取り付け
22日（日曜）　休み
23日（月曜）　家起こしワイヤー取り付け
24日（火曜）　ジャッキアップ水平調整と、粗々の家起こし
25日（水曜）　同じく
26日（木曜）　家起こし（大工2名入り）仮筋交い入れ

27日(金曜)　同じく
28日(土曜)　同じく
29日(日曜)　休み
30日(月曜)　ジャッキアップ。基礎工事のための余分に一番高い点より20㎝アップ。ここで、柱足元の腐食等あれば根継ぎ、伐り上げを行う。
31日(火曜)　同じく～仮受け枕木組み換え(ここで、柱足元の腐食等あれば根継ぎ、伐り上げを行う)
2月1日(水曜)　基礎工事開始　床掘り(ここで、柱足元の腐食等あれば根継ぎ、伐り上げを行う)
2日(木曜)　基礎床掘り
3日(金曜)　礎石周辺の転圧、砕石敷き
4日(土曜)　同じく
5日(日曜)　休み
6日(月曜)　礎石周辺鉄筋組み
7日(火曜)　同じく
8日(水曜)　ベース打設
9日(木曜)　ベース打設
10日(金曜)　独立基礎型枠準備
11日(土曜)　同じく
12日(日曜)　休み
13日(月曜)　型枠固定
14日(火曜)　同じく
15日(水曜)　基礎打設
16日(木曜)　同じく

17日（金曜）　同じく
18日（土曜）　同じく
19日（日曜）　休み
20日（月曜）　コンクリート養生期間として、周辺片付け
21日（火曜）　同じく　家起こし用に組んである通路側のH鋼の解体
22日（水曜）　同じく
23日（木曜）　同じく
24日（水曜）　同じく、基礎天端直前までジャッキダウン
25日（木曜）　型枠外し
26日（日曜）　休み
27日（月曜）　ジャッキダウン
28日（火曜）　添え柱取り外し
3月1日（水曜）　添え柱取り外し
2日（木曜）　同じく
3日（金曜）　鋼材解体
4日（土曜）　同じく　小運搬
5日（日曜）　休み
6日（月曜）　解体　小運搬
7日（火曜）　同じく
8日（水曜）　同じく
9日（木曜）　大型トラック3台撤退

12月17日(土曜)――香川県高松市

パソコンの設定などを直していただいているSEの浜口さんに微調整していただく。

12月18日(日曜)――徳島県吉野川市現地入り

既に据え付けは堅田さん、宏くん、日浦棟梁の手で見事に完了しています。寂しいけど、脇に廻る立場が多くなりました。

まだ自分が主役を張れる場面もありますが、任されないと面白くないお年頃の堅田部長のモチベーションを考えると、親方は段取りと補助に廻らなくてはいけません。

今では多くの会社が管理や本人たちの休日の予定組みのために日曜日は必ず休む。その代わりに、よほどの雨天時でない限り合羽を着て作業することが普通になってきました。自分らのように少人数でやっていると話し合いが簡単にできるので、急ぎでない場合は雨天は休み。

代わりに日曜に作業するという「昭和」なスタイルでやっています。

12月19日(月曜)――徳島県吉野川市 撤退

徳島から持ち帰った工具の片づけ。その前に急ぎで谷中に戻るために充分な仕分けが出来てなかった資材の整理。

土佐町の倉庫には焼却炉が付いているので、端材を焼き始める。と、そこに寺川さんから京都府宇治現場の正式依頼の電話。

急遽、片付けと並行して、京都府宇治行きの工具類の荷造り作業を変える。

12月21日(水曜)――

2カ月にわたる長期の現場ゆえ、ホテルの費用はできる範囲で圧縮しなければならない。

ならないけど、年間11カ月程度は旅暮らしをしている身としては、あまり悲惨なところに泊っていては心身ともに疲弊してしまう。

それでも最低、シングルルーム、シャワートイレは守りたいところ。

しかし、現場から近く、寺川さんが相談できるマンスリーマンションはシャワートイレがついていない。

普通の乱暴な工務店からの依頼であれば、作業員の人権を無視したような古い民

高知市にある自宅付近、
宝永町交差点

宿で雑魚寝を強いられることも未だにあるのですが、流石にアメリカ、カナダで建築士をされていた寺川さんは、我々の心情に寄り添って下さる。これは凄く嬉しかった。

日程途中から、他のマンスリーマンションに移動する案も出して頂いたり、本当に丁寧なサポートぶり。

結局、はじめのマンスリーマンションにお世話になることに。

12月23日（金曜）――高知県高知市

香川県高松市にてアパートの沈下修正工事の現地調査予定だったが、考えらないほどの大雪。

高知県でのここまでの降雪は観測史上最高。全国ニュースになるほど。朝から道路情報を調べているが、刻一刻と状況が変わるため、一旦、高知の自宅を出る。しかし高速も止まり、自宅に戻る。

アパートの現地調査を翌日にリスケしてもらう。

堅田さん、宏くんも倉庫に行けず、この日は作業中止。

12月24日(土曜)――香川県高松市〜京都府宇治市〜滋賀県甲賀市

早朝に、高知県を出て香川県に。大豊を越えて瀬戸内海側に出た途端、まったくの日常の風景が広がっていてその差に驚く。

アパートを管理している不動産会社さんとしては、「できれば入居が動く3月までに施工して欲しい」と言われる。

入居中の部屋には入れないため、どこを基準点として修正するかを話し合う。あまり精度の高いものでなくとも構わないと言われているので、「少し考えさせて欲しい」と答え、京都へ。

京都で先に少し金物を降ろさせて頂く。後のチャーターした大型トラック（13・5トン 2台+8トンユニック車の合計3台）に計算して乗り切らない工具を少しでも運んでおくことで、後の積み込みを楽にする意図。

寺川さんと合流。

大型トラックを駐車して、工具を降ろさせてもらう駐車場の下見に行く。信じられない!!、まさか!!。まあ、そりゃそうなんだろうけど…。なんとご手配くださった駐車場は平等院への観光バス用駐車場。現場からも片道5分。

これは、地元に根付いてご活動されている方でないと不可能なブッキング！。参りました。脱帽。

1月は観光バスが少ないので大丈夫だけど、3月に入ると難しいかもと既に撤退の心配も。

※通常は、近隣の公民館等の駐車場等をお借りすることが多いです。

12月27日(火曜)

千葉県松戸市にて店舗改修工事に絡む沈下修正工事の相談をうけて、現地調査に行く。

これは(株)ウッドステーションの木工事を担当されている木村建造株式会社の木村棟梁からのお話。

既に、京都の準備が始まっているのと、こちらの店舗もオープン日が決まっているので急ぎ施工しなくてはならないという事態。

「最悪、正月休まずに自分と木村棟梁とでやるか!」とも考えたけど、既に身体はやけ火箸状態なので…。

同業の(株)野口工事 野口さんに年明け第一弾として施工していただく。

ちなみに高松市のアパートも他社にお願いしてしまう。

どちらの現場も「どうしても、曳家岡本さんに!」というタイプでは無かったのは悔しいけど良かった。

12月28日（水曜）

家起こしの相判に来て貰う宮大工3名に、日程の確定と宿の手配などをメールする。

※この日程を決めるのは胆力の必要なところです。早すぎると自分らが間に合わない。遅いと自分らが待機になるのでかなり考えます。

今回の親方は宮村棟梁（大滝神社、薬師寺改修に参加されました。）と、大和社寺時代の孫弟子 三好棟梁。

宮村棟梁は、「木の家ネット」つながりで、数年前に高知県土佐山田町での沖野棟梁が施工された古民家再生現場に来てくださった時から、土佐派の曳家技術にほれ込んでくれて、徳島県美波町での登録有形文化財である廻船問屋の家起こし、奈良の2現場でもご一緒していただいた。お互いの手順が見えているからお願いしました。

三好棟梁は、奈良での二現場で初見でした。自分たちはいじわるなので、若い三好棟梁には「他の曳家さんとも相判した方が勉強になるから、自分で現場取れたら他社に依頼するように」と何度も口を酸っぱくして繰りかえしています。

宮村棟梁は、「曳家岡本がやっていることが自分ら、宮大工と一番相性が良い」と言ってくれるけど、まあ、なにごとも経験ですから（笑）。

最後は徳島の日浦棟梁。日浦棟梁は、徳島美波町現場に1日だけの参加でしたが、その時の動きの俊敏さと他の大工さんたちとのコミュニケーション能力を見て、先日の徳島県吉野川市の現場にも指名させていただいた手刻みの上手い大工です。60歳の宮村棟梁を頭に、40代、30代の動ける大工チームと、曳家岡本との相判です。

良いチーム編成ができれば、仕事は半分終わったようなものですから、彼らのスケジュールが抑えられたことで一安心。

いや…、この決めた日程で絶対に家起こしができる準備をしなくてはならない。

これはこれでプレッシャー。

12月29日（木曜）

家族4人で過ごす最後の正月。普段一緒にいないので、家族に色々なことをこれ幸いと頼まれる。

今日は犬の福袋を買ってくるミッション。愛犬家の方たちと40分くらい寒いなかで並び整理券もらう。

夜は本書の原稿執筆。

京都で使う工具の数の拾い出し。施工プランは既に高知の倉庫で擦り合わせ済み。

2023年

1月3日（火曜）――東京

寺川さんと、小運搬の手伝いの人員手配についてメールと電話。
※通常、建築士は工務店に現場作業の監理を任すものですが、この現場では私どもの工事が急遽決まったため全て寺川さんの監理となっています。

1月4日（水曜）――東京

京都への移動に向けて、高知の倉庫からだけでは足らない金具類を千葉県いすみ市の倉庫に積み込みに行く。
錦糸町ＩＣから約1時間30分。

1月6日（金曜）――東京

堅田さん、宏くんは高知で、13・5トン 2台、8トンユニック車1台に積み込み。ただし正月休みとの都合で京都着は10日となる。

1月7日（土曜）――京都入り

現場に、千葉から持参した金具を降ろした後、マンスリーマンションに向かう。

1階の不動産会社さんが管理されていて、後から来る2人の分の合鍵も預かる。

幸い日曜日だったので、お隣の会社が休みで、駐車場前に横付けさせていただいて私物を降ろす。

PCも含めて事務用品も持参しているので、チェックイン初日はなかなかひと苦労です。

荷物を部屋に入れた後、電気スタンドと、トースターを買いに出る。現場用にポットも。絶対ではないですが、朝はトースト派なんです。

その後、近くのスーパーマーケットに飲み物と 食料品を買いに行く。

1月8日（日曜）――

堅田さん、宏くん京都入り。家起こし初日である26日に行う宮大工チームとの食事会の会場を寺川さんに相談する。

1月9日（月曜・祝日）

神社宮司さんによる神事。

1月10日（火曜）

解体作業開始。
曳家は枕木を組んで危なくないよう受けながら、解体屋に預けるのが普通ですが、曳家岡本は、堅田さんがかつて解体業をしていたので、その技術を合わせながら自分たちのみで作業を完結できる強みがある。

1月12日（木曜）

およそ沈下量は最大部分でも6㎝程度と判明。沈下よりも倒れ具合がひどい。白蟻被害は無かったが、水腐りによる梁や柱などの構造材の傷みが予想以上であり、家起こしは構造修復と同時に行わなくてはならない。

1月13日(金曜)――

敷居より上にH鋼で仮設の土台を組んでゆく。(上腰工法の項を参照ください)

1月16日(月曜)――

レベル調整をする。

全ての柱に添え柱を取り付けて、1本ごとに不同沈下をした柱の高さを揃える。

家起こしする際には、このように先に水平を直しておかないと建物は素直に動いてくれない。

1月17日(火曜)――

組み上げる鋼材の組み方を考え直して、不足分を千葉県いすみ市の倉庫に取りに行くことにする。

堅田さん、宏くんは現況で出来るところを組んでいる。

横架材1本もので無い場合、ばらけないようにスリングベルトでそれぞれつなげていく。

1月19日(木曜)──静岡県掛川市

京都への戻り途中泊を利用して、以前から話していた雨漏り診断士の久保田仁司さんのコーディネートで、静岡の伝統構法を手掛ける建築士、大工さんとの懇親会。松村寛生棟梁の次の現場は、松井郁夫先生設計の案件と伺う。大物建築家とのコラボは、成長もできるだろうけどプレッシャーも相当だろうな。

1月20日(金曜)──

反力を取るために建物の左手側に組んだH鋼材に向けて順次、スリングベルトとレバーブロックをかけてゆく。

大工さんたちが入る前に倒れている側を少し引き込んでおくことで、危険を減らす。

1月22日(日曜)──

腐食部分の取り換えのために追加の木材を注文した。宮村棟梁に1日早く現場に顔出してもらうことにする。

少しでもスムーズに進められるよう出来る範囲で早め早めの段取りです。

1月23日(月曜)

倒れている側の梁まで枕木を組み上げて用心したが、隣接する建物との兼ね合いで思うような組み方ができない。

1月24日(火曜)

家起こし予定日の26日（木曜）に豪雪予報が出ているため、徳島から京都入りする日浦棟梁から、「万が一の場合は不参加になるかも」と連絡あり。
四国の職人は雪に慣れてないので、通常スタッドレスタイヤは所有していないのです。

1月25日(水曜)

日浦棟梁、大渋滞に巻き込まれながらも、19時過ぎに京都入りの電話あり。
現場隣の寺川さん所有の空き地に車を停めさせていただいて、ホテルまで歩いていく途中、スーパーマーケットで買い物。

1月26日(木曜)

家起こし見学会

朝から大雪。

しかし、宮大工3名のスケジュールと、遠くは九州、静岡からも見学に来てくださっている方もいるので日程の延期はできない。

見学会はともかく、大工や協力会社と相判する際には決定した日程に必ず完了させないとならない。

ましてや今回は当初の予定であった「家起こし」を行い、仮筋交いを入れていくという作業に加えて、腐食部分を交換しながら、家起こしを同時進行で行うという追加工事ができてしまった。

寺川さんのご理解の上で最短で構造材の入れ換えを行うために、宮大工さんに「金物使ってください」とお願いする。

しかも、金輪継ぎなどやってもらう時間も工期も無いのだ。

家起こしするために必要な部分を先に取り換えたり、新たに入れたりしつつ、レバーブロックをかけてゆく。

それにしても、大工チームの静かなる速さに舌を巻きます。

誰がどう動けば良いか分かっている職人たちが揃うと怒鳴る時間ももったいない

ものです。

自分は、見学に来ていただいている大工さんや、建築士さんガイドをさせていただいています。パッと見て伝わり辛い部分の補足解説係です。

夜は寺川さんのご手配くださった居酒屋で懇親会。日程を空けて集まってくれた大工さんたちに感謝の時間。

寺川さんに「ジャッキの話で、そこまで盛り上がれるのが凄いですよ（笑）」と笑われました。

1月27日（金曜）

前日の作業でほぼほぼ直せているので、微調整をしながら腐食部分の取り換えを行う。

壊れたら作り直せる大工と、歪みや嵩揚げはできるけど、直す技術を持たない曳家では、家の扱い方が違うのは当り前。

自分らは「折らないように」、「倒さないように」とゆっくりと動かしますが、大工は早いです。

お互い木の特性を理解しているものの、剛性や粘りに対する解釈が違います。でも、早い。助かります。

家起こしは終わりましたが、腐食部分の取り換えのために、宮村棟梁にはこれから1週間程、木工事を助けていただく。

1月30日（月曜）

粛々と柱の入れ換えや補強が進んでいきます。
大工さんにとっての曳家と相判の古民家修復の最大のメリットは、ストレスフリーで自由に柱や梁を支えることができることです。
「ここ少し外したいけど、別のところにジャッキを移動してもらえませんか？」、「はい。今行きますー」とできるわけです。

1月31日（火曜）

予定外の腐食部分の取り換えのために、曳家本来の工事が止まってしまったので、待機中に先に家起こしをするために組んだ分のH鋼を解体する。

2月5日（日曜）

前日、雪から雨のために再び現場を休んだので、今日は日曜出勤。
お施主さんも「もっと大きな音が出るかと思っていたけど、これなら大丈夫です

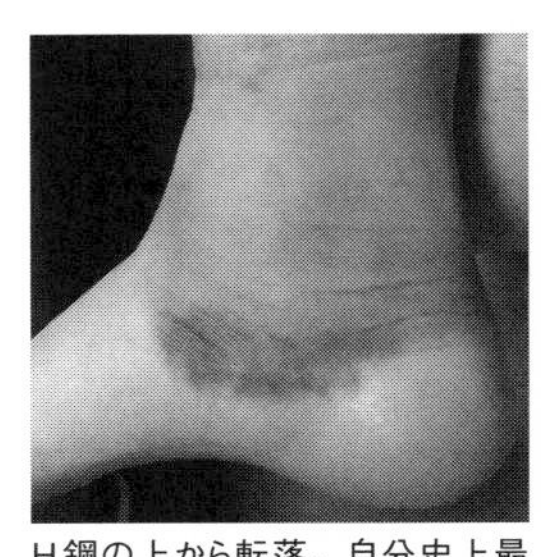
H鋼の上から転落。自分史上最大に紫色に変色して傷みが…。

ね」と言っていただいての日曜作業。

現場があるため日曜日に来るしかなかった宮村棟梁の仲間の宮大工さん、社寺建築工務店の現場監督さん、などなどが来てくださる。

2月6日(月曜)

H鋼の上から落ちました。

痛い〜〜〜。

大工は梁から落ちたら引退だと言うけど…。自分も引退かな。自分史上最大に紫色に変色して腫れあがりました。

4月上旬の段階で、まだ仰向けに寝ていると時折、剣山で刺されるような傷みがありました。

2月8日(水曜)

先日の見学会に来てくださいました、松田貞次さん、子育て想造工務店のまつゆう・松雄建設株式会社と夕食。

松田さんが、NPO法人 日本ホームインスペクターズ協会 近畿エリア部会でのセミナー講師としてお声かけいただけまして。

緩く当日の参加者の傾向を伺う。打ち合わせという名目の夕食。

いつもみんなにがっかりされるのですが、自分はかなりの偏食ヴィーガンなので、「メニューの多い安い居酒屋」でお願いしています。

不動産会社さんも、まあまあ参加されるという事前情報はありがたかったです。せっかく講師をする以上、相手に伝わらないと意味がないですからね。

そして、我々の技術を正しく認識していただける機会をいただいているのですから、つまらないセミナーにはしたくないです。
※結果、このセミナーは千葉県建築士会 市川・浦安支部主催の時に迫る熱量が伝わるものになりました。内容的には今のところベストかな。
セミナーは参加してくださる方のお気持ちや見識でかなり違うものになります。不動産会社の方からも「不動産会社だというと軽くあしらう専門の人も多いなか、岡本さんのセミナー、質疑応答も本気で話してくれていて気持ち良かったです」と感謝の言葉頂きました。

恐縮です。

2月12日(日曜) ― 東京泊

千葉県柏市での沈下修正工事の現地調査に行く。新幹線移動。

新幹線のない四国出身者にしてみると、ものすごく便利で快適です。

移動時には気楽に楽しめる推理小説を読むことが多いのですが、今回はマンスリーマンションの共用部に置かれているレンタル本コーナーにあった東野圭吾「人魚の眠る家」。これは素晴らしい！。特に駅前などで臓器移植の寄付金を募っているグループのエピソードは秀逸でした。お薦め。

同日──千葉県柏市

多くの建築士は、アンダーピニング工法こそもっとも再沈下が起こらず安心して依頼できる沈下修正工法だと言います。

それはその通りなのですが、土地の形状や擁壁がコンクリートブロックであるといったマテリアルな部分での理由により、アンダーピニング工法を選択できない区画があります。

さらには、アンダーピニング工法は一般な土台揚げ沈下修正工事と比較すると約3倍の費用が掛かります。

※土台揚げ３００万円に対して１０００万円程度が相場です。

築40年を越えて人生最後の大規模リフォームをしようという50代のご家族にとっては、家の耐用年数も含めてその選択はあり得ません。

実際、アンダーピニング工法を依頼する8割以上の方は、新築時に付けてもらった10年間対応の地盤補償の保険金を使って直すわけで、自腹でアンダーピニング工法を選択する方にお会いしたことがありません。

じゃあ土台揚げ工法は支持地盤から直すわけではないから駄目なのかと言うと、そうでもありません。「築9年を過ぎると圧密沈下は終息している」と考えられているからです。

実際、自分も東日本大震災以降12年間経ちますが、この間、1棟も再沈下はありませんでした。

それでも、支持地盤から反力を取るという工事ではないので、「再沈下しないという補償は付けられません」としかお答えできません。

そのうえで、土台揚げ工法は一旦、基礎と土台を切り離して、修正後に再緊結させる工事ですから、水平に直すこと同様に、定着に手間をかけなくては危険な欠陥住宅を作っているだけになります。ここをどれだけ鋼のこだわりを持って施工してくださる業者を見つけるかどうかで随分と違うものになります。

元請けの柏市で近隣20分以内のみでの地域密着でリフォーム工事を専門に受注されているインテック（株）の田所さんの手間を惜しまない細やかな対応には、頭が下がります。パンチの効いた「町の大工さん」です。

2月13日（月曜）――京都

現場に戻ると、据え付けた後の仕上げまでをご担当される石田工務店さんのご手配で、鉄筋曲げ機を借りていただいて、堅田さんが、独立基礎のフープ筋を造ってくれています。

本当に現場はどれだけ気持ち良く協力体制が取れているかで変わります。

2月14日（火曜）

工具類の回収のための大型トラック13・5トン 2台と8トンユニック車 1台の日程を運送会社と相談。

本当は据え付けが終わってから日程を組みたいけど、まあ車の準備があるので仕方ないです。

2月18日（土曜）

基礎の養生期間を利用して、昨日から堅田工務部長が検診のために愛知県に帰省したので宏くんと2人。

堅田さんからは「枕木組みなおしておいてください」と言われていたけど、いやいや基礎の作り替えのためにジャッキアップしておくと後の段取りがスムーズ。

最近は脇に廻ること多いですが、まだメインを張れるときもあるので、こんなタイミングではやっておくべー（笑）。

月曜日に現場に戻って来た堅田さんに「やってるじゃないですか！」と言わせたいので、宏くんには「言うなよ」と言っておいたけど。チクられました。つまらん。

2月19日(日曜)――奈良

今日は休みなので、2年前に曳家と家起こしを担当させていただいた茶室の改修工事が完了したというのでお施主様より見学のお誘いをいただき、奈良へ。せっかく宇治にいるので、お茶をお土産に持参しようと寺川さんに教えていただいて「堀井七茗園」へ。

東大寺の塔頭さんが住まわれていた母屋と茶室。施工中はシャッターを開けていると鹿が入ってくるのに驚いた現場です。

三好棟梁が回廊部分に台湾檜を使ったと言うので、ひざまずいて「石鹸の匂いがするかなー」と嗅いでみましたが、特注の畳の匂いに負けて感じられませんでした。

お施主様ご夫婦が気に入ってくださっているのがありがたくも嬉しい限りです。

2月20日(月曜)――

基礎の養生期間を長くしたいので、先に使い終わったH鋼や枕木を資材置き場に

オープンした抹茶ロースタリー。125ページの画像と比較してください。

運ばせていただくお願いに応じていただけた。

お昼前に堅田さんから「トラックが動かなくなった」と電話がある。

とりあえず待機してもらっていても無駄なので、まずは昼休みに入ってもらうように伝えて、自分は資材置き場へ。

途中、寺川さんに連絡して、お付き合いのある車屋さんに連絡していただく。

30分ほどで車屋さん来てくださる。

トンカチでセルを叩いてもらうと簡単に復活。しかし、この後のことを考えて部品を取り寄せてもらって交換をお願いする。

代車として軽トラを貸していただく。

2月23日(木曜)

ジャッキダウン、据え付け。古い建物の場合、柱の切り上げや基礎の天端の見極めはどうしても誤差が出てくる。

今回は、柱の詰め物(サイプレス使用)3カ所という結果。とてつもなく上手くできた方だと思っています。

家起こしをした京都の建物を利用したカフェの情報

店名	抹茶ロースタリー（matcha roastery）
住所	611-0021 京都府宇治市宇治妙楽146番地
電話番号	0774 (34) 1125
営業時間	10:00～17:30 不定休
WEB	https://matcharoastery.com/
インスタグラム	matcharoastery

2月24日（金曜）

枕木および鉄骨の解体。

トラック修理完了。

大型トラックが2便に分かれて来させて欲しいと依頼が入る。寺川さんにその旨を伝える。

2月25日（土曜）

解体した枕木や工具を資材置き場へ。

2月26日（日曜）

同じく。

資材置き場での荷造りと大型車への積み込みを堅田さんと宏くんに御願いして、自分は次の高知県での納骨堂の吊り舞工事の法事出席のために先に移動する。

日前からマンスリーマンションの荷物を片づけていたので、なかなかスムーズ。

特別対談

次世代に残すべき建物と技とは―

伊礼智（建築家）×岡本直也（曳大工）

数値化・言語化し難い価値を実装した住宅を提案し続ける建築家・伊礼智氏。建物を次世代へと安心して引き継いでいくために、床下から建物の声を聴き、新たな命を吹き込んでいく曳大工・岡本直也氏。視点の異なる2名が考える「次世代に残すべき建物と技」とは、どういうものなのだろうか―。

伊礼 智 | 建築家

いれい さとし●1959年沖縄県生まれ、82年に琉球大学理工学部建設工学科を卒業。85年に東京藝術大学美術学部建築科大学院修了。丸谷博男+エーアンドエーを経て96年に伊礼智設計室を開設。その後、日本大学生産工学部建築工学科「居住デザインコース」非常勤講師、共立女子大学　非常勤講師、東京藝術大学建築科非常勤講師などを歴任。

建物の精神性と性能を両立する

岡本　自分達の世代は、ヴィヴィアン・ウエストウッドがストライク世代です。そのため、若い頃はデコラティブなデザインに凝っていたのですが、年齢を重ねるとシェーカー教徒のようなシンプルなデザインに心が魅かれるようになりました。

しかし、3年ほど前に徳島県の大塚国際美術館で宗教施設のような展示を目の当たりにして、「こういうデザインの空間で人生の最期がおくれたたらいいだろうなー」とも思いました。同時に建築にとってのデザインの重要性をあらためて認識しました。

自分は名画の複製画をコレクションしているのですが、仕事になるとどうしてもデザインの部分を後回しにしてしまいます。私達のような職人は、どうしても性能の話になってしまうのです。デザイン性と性能をどう両立してゆくのかー。その点については、職人はなかなか答えを見いだせない。

伊礼さんはご著書のなかで、天窓の話を例に性能とデザインの話をされていましたよね。

曳大工

岡本 直也

伊礼　温熱環境性能の観点から考えると、天窓は取り付けない方がいいです。天井に穴を開けてしまうので、雨仕舞という点でもリスクになり得ます。ただし、建築には性能だけでなく、精神性も必要です。天井から降り注ぐ光―。その精神性は住まい手の方々にも何らかの効用をもたらすでしょう。もともと日本建築は精神性に富んだ空間を得意としてきました。その部分が排除されていくのは、やはり寂しいですね。

簡単ではないですが、設計者としては精神性や季節感といった数値化・言語化できない価値を盛り込んだ空間を形にしていくべきだと考えています。

岡本　私はフェルメールの絵画も好きなのですが、天窓からの光はまさにフェルメールの絵のような空間を演出しますよね。やはりその感覚は伊礼さんのような設計者ならではだと思います。

社寺の屋根の反りなどは、技術的にも難しいし、逆勾配になるので何十年間のスパンでやり直すことが必要になります。しかし、意匠的には美しく、伊礼さんの言う精神性も感じます。

職人の方々にもデザイナーの目を持って欲しい

伊礼

デザイナーの目が仕事の質を変える

伊礼　私は職人の方々に「デザイナーの目を持って下さい」と伝えています。職人さんだけでなく、学者やその他の職業の方々も同じです。デザイナーの目があるか無いかで、その人が手掛ける仕事の質が大きく変わってきます。

造園家であり、景観デザイナーの荻野寿也さんと一緒に仕事をする機会が多いのですが、彼は優れたデザイナーの目を持っており、非常に仕事がやりやすいですね。私が何を言わなくても建物デザインを見ながら、バランスを整えるための外構を提案してくれるのです。まるで生け花のように、建物をひきたてるように植栽を配置していくのです。本当に素晴らしい仕事ぶりで、彼からアイデアをもらうことも多々あります。

出会ったばかりですが、岡本さんもデザイナーの目を持っているような気がしますよ。

枕木の組み方で力量が分かる

岡本　ありがとうございます。曳家岡本は、ロゴマークなどを作っているのですが、「自分は日本で一番タイポグラフィーにこだわる曳家職人だ」と自負しています

（笑）。

我々は建物をジャッキアップする際に枕木を組んでいくのですが、組み上がった枕木の美しさを見ると、その職人の力量が分かるということはありますね。

伊礼　その感覚は非常によく分かります。建物も同じだと思います。見た目が美しく、なんとなくバランスが取れている建物は、実は性能的にも優れているということがあります。

学生の頃、吉村順三先生にあこがれてこの世界に入りました。吉村先生が設計した建物は決して華美ではありませんが、バランスが素晴らしい。「美しい」という表現が適切か分かりませんが、吉村先生にしか出せない美しさがある。トイレ空間だけでも、便器、ペーパーホルダー、手洗い場、照明などのバランスが絶妙で、気持ちがいい。余計なことをしていないのです。

八ヶ岳高原音楽堂の裏側を見せてもらう機会もあったのですが、表舞台ではない裏方であっても美しい。

吉村先生は、「建築はプロポーションが大事だ」と言っていましたが、この言葉には実は深い意味があります。今の私の課題は、まさにプロポーションと性能の両立です。

岡本　昭和40年代前後に建築された住宅の沈下修正工事をやっていると、2階部分の荷重が1階の下屋部分に流れている建物があります。大工さんは「なぜ、軽いはずの下屋の部分が沈下してしまうだろう」と言いますが、2階の荷重を1階に伝えるバランスが悪いからです。こうした建物は、「なんとなくバランスが悪そうな建物だな」と感じることがあります。伊礼さんの言うプロポーションが悪い建物かもしれません。

性能という点で言うと、「構造にこだわっています」とアピールしている工務店さんが、土台に米ツガを採用しているのを見て唖然としました。日本のツガならまだ分かりますが、米ツガは湿気やシロアリに弱い樹種なのに…。

昔ながらの「木づかい」で性能を高める

伊礼　最近では薬剤を注入して土台に使ってしまうようですね。

設計者は本当に木のことを知らない。建物性能に直接的に関係するのに、木のことを理解していない設計者が多いですね。山に行ったことさえない設計者も多いのではないでしょうか。スギとヒノキの葉っぱの違いを見分ける設計者はそれほど多くないかもしれません。

私は幸運なことに、和歌山県の山長商店さんから山や木について色々と教えていただきました。一時期、建築学部の生徒の授業を受け持っていたことがあるのですが、私の授業では、山長商店さんから教えていただいた山や木に関する知識から教

えていました。

岡本 我々が沈下修正工事を手掛けた伝統構法の建物で、石場建てから基礎を新設して、土台を敷きなおすという工事がありました。この時に黒杉を使いたかったのですが、普段使われていないので調達できないということがありました。黒杉の特徴を知っていれば、使える場面は多いと思うのですが、一般的には流通してないようですね。

福島県などに行くと、クリの木がヒノキとあまり変わらない値段で買えるという話も聞きました。スギありきではなく、木の特性に応じて適材適所で使っていくと、建物の性能向上にもつながるような気がします。

伊礼 「気くばり」という言葉は、「木をくばる（配置する）」からきていますが、まさにその通りですね。昔なら目利きの棟梁などが、その役割を果たしていたのでしょうが、プレカット材が主流になっている今の状況では難しいかもしれません。

ある新築の現場で、逆さ柱の状態でプレカットされた柱が納品されてしまい、大工さん達は何の迷いもなく、そのまま施工

してしまったことがあったそうです。その現場を担当していた工務店の社長が、もともと棟梁だったので、そのことに気付き、しっかりと「逆さ柱ですが構造的には問題ありませんから」とお施主さんに説明をしたそうです。その話を聞いて、すごく誠実な工務店さんだなと思う一方で、大工さんも木のことが分からなくなっていることを実感しました。

岡本 建物の下からジャッキで持ち揚げたり、引き締めたりしていると、体感的に「この木にこれ以上の負荷をかけると危ない」ということが分かるようになります。沈下したものを水平に直すだけならそれほど難しくありませんが、家起こしをする際にはとくに慎重に木の強さを見極める必要があります。

伊礼 そういった目を持っている職人さんがいると心強いのですが、目利きは少なくなりましたね。

その点、山長商店さんは性能を表示した木材を提供してもらえるので、非常に有難いです。しかもJASの機械等級でグレーティングを行っているので安心です。

さらに言うと、同じJAS材であっても、山長商店さんの材料は別格です。例えばヒノキであれば、ＪＡＳではヤング係数70と１１０しか表示できませんが、山長商店さんなら１３０という性能の材料を揃えていただけます。構造計算上はヤング係数１１０で計算していますが、実際の建物はそれ以上の性能を備えていることになるので、我々も安心するのです。

他の製材業者の方に、「性能を見える化して欲しい」とお願いしたのですが、ヤング係数48というものが来ました。無等級のヤング係数が50ですから、これでは怖くて使えない。もしかしたら、こうした品質の木材を知らないうちに使っているかもしれないのです。それだけに性能を見える化することが重要ではないでしょうか。

この木材の話からも分かるように、設計上の性能と実際に建築された建物の性能が必ず一致するとは限りません。私もできるだけ現場に行くようにしているのですが、たまに構造用合板を指定したピッチ通りにビス止めしていないケースなどがあります。そうなると、設計段階で考えた通りの耐震性能を実現できないかもしれない。

昔であればベテランの職人さんの勘によって、こうした問題を解消してきたのかもしれませんが、今は状況が変わってきています。

もはや勘は頼りにならない

岡本　厳しい言い方になりますが、もう職人の勘は頼りにならないと考えた方がいいと思います。建物のあり方も技術も大きく変化しているのに、昔ながらのやり方にこだわっている職人が多く、勉強していませんから。先輩から学んだことに固執し過ぎて、時代の変化に対応するために貪欲に勉強するという意識が薄いように思います。もちろん例外もありますが。

伊礼　設計者でも昔の勘に頼って、「温熱計算はいらない。だいたい分かるから」という人がいますよ。数値化して見える化したうえで、それを勘として血肉化していくことが、職人の方々にも設計者にも大事なのでしょう。

「直せる」ではなく「ごまかしている」

岡本　設計者の方々には、我々のような曳大工の存在も知って欲しいです。設計者の方々もこれからリノベーションの仕事が増えていくと思います。その際に、断熱改修などは熱心に行うのに、建物が傾いたままでは安心して住み続けることはできません。

リフォーム業者のなかには、「3cmまでの傾きなら床で直せる」という人がいます。それは「直せる」ではなく、「ごまかしている」です。建物の傾きは、根本的な要因を取り除かない限り、悪化していく一方です。

また、工務店さんのなかには、沈下が激しい建物について「これは修正できない。

設計者の方々にも曳大工という選択肢を知ってもらいたい

岡本

建て直すしかない」と判断する人もいますが、決してそんなことはありません。
残念ながら我々の仕事自体が知られていないので、設計者や工務店の方々の選択肢になっていないのでしょう。その部分は我々が反省すべき点です。

伊礼　正直に言うと、私も岡本さん達の仕事の内容を分かっていませんでした。知らないから提案もできない。そういう状況でした。
本当にまだまだ知らないことが沢山あります。過去に自分が手掛けた建物の反省点もあります。その反省点を踏まえて、本当の意味で長く使える住宅を実現したいとも考えています。設計者として学ぶべきことが多すぎて、あと20年くらい欲しいですね（笑）。

岡本　伊礼さんほどの実績をお持ちの方でも、貪欲に学び、真摯に反省するという姿勢に刺激を受けました。私も後進に道を譲りつつ、時間と体力が許す限りは真摯に自分の仕事に向き合っていくつもりです。また、設計者の方々にも曳大工という選択肢があることを知ってもらえるような活動も引き続き行っていきたいです。本日はありがとうございました。

伊礼　こちらこそありがとうございました。

あとがき

ロッド・スチュアートの「セイリング」が頭の中を廻ることも多くなった今日この頃です。自分の世代だと、フランク・シナトラやシド・ヴィシャスの「マイウェイ」では無いよな。

東日本大震災を契機に高知県の一ローカル曳家職人であった自分は、とんでもないマジカルミステリーツアーに参加させていただくことになりました。

もし自分が伝記を書くことがあればトロッキーのように「わたしの人生は平凡ではなかった」と言い切れるかな?。そこまでは特別では無いでしょうが。

自分が全国区で通用したのは、土佐人ならではの人懐こさと、嘘つきを憎む性質。

それに、昭和 南海大地震の復興のために先代である父のように大工から曳家になった職人たちが築いた「土佐派の曳家」技術が、一部の建築士、大工に認めていただけたからに他なりません。決して自分が優れていたわけではありません。これは断言できます。

適者生存。

自分にできたのは、今の時代において、この土佐派の曳家技術がどういう場面で活用していただけるかを自分なりに一生懸命考えて、その内容をブログを記してきたくらいです。

そういう意味では、この本も曳家の技術を学んで活用していただくきっかけになれば幸いです。

何人かの同業者の方も読んでくださると思いますし、否定的なご意見を持たれる方もいらっしゃると思います。

自分はいつも言います。「正解はひとつです。しかし選択肢はいくつかあります」。それで良いのでないかと考えています。


ある日の曳家岡本の休憩時間。

自分が、土台揚げ沈下修正工事の際に使う「伸ばしナット」の材質を原価は高くなってしまうが全てステンレスに換えるべきかを尋ねると、工務部長の堅田さんが嬉しそうに「当然です。良いものにするために変え続けてゆくのが、曳家岡本ですよ」と言ってくれました。

それを聞いて、「うーん、いやー自分は小心者なだけなんだよー」と思いました。

自分には小さな夢があります。

きっと今のように全国を旅して仕事を続けられるのはもうそう長くありません。

土佐派の曳家は堅田さんが継承してくれます。堅田さんは、元々は解体業の親方をしていたのですが、ある現場で完工予定日に間に合いそうもない時に応援をお願いしたことから縁ができました。

現場の最終日に「すみません。親方、自分はこの仕事が好きになりました。お金いらないですからしばらく付いて行かせてもらって良いですか」と半ば押しかけ女房のように来てくれました。

その当時、堅田さんと一緒に働いていたKさんは、愛しい彼女との生活を優先。早々に全国行脚から卒業しました。

代わりに、以前の解体現場に来ていた宏くんが入ってくれました。宏くんは人が嫌うきつい仕事を淡々と耐えてくれる今の日本人にもっとも欠けている美徳があります。

解体業時代の癖で堅田さんのことを「社長」。当職のことを「親方」と呼びます（笑）。

漢の一番良い時期を曳家岡本のために使ってくれた堅田さんに恩返し

するために、彼がどうしても忙しくて年寄りの手でも借りたい時に、堅田チームの序列を崩さないよう配慮しながらシルバー人材センターからの派遣の人のふりをして作業に参加します。

自分と面識の無い若者が、よろよろしている老人が無駄のない動きで枕木を組んでゆくのに驚いて、「宏さん。今日のじいさん、えらく枕木組むの上手いですね」と囁きます。

それを聞いた、宏くんと、堅田さんが嬉しそうに目くばせしてくれます。

Ｙｅａｈ！まだパーティーは続くぜ！。

もう少しだけ、赤い絨毯の部屋で怪しいステップを踏む小人のように、よろよろしながらも現場に出ます。

よろしくお願いします。

２０２３年９月13日　新潟にて

曳家岡本　親方　岡本直也

岡本 直也

（おかもとなおや）


1960年生まれ。かつて昭和南海大地震からの復興のために曳家業が盛んであった高知県生まれ。

高校卒業後に父親である先代 岡本次男に師事。建築業を嫌ってブティック、イベンターを兼業しながら家業である曳家を続ける。

26歳の時に先代が心筋梗塞で倒れて「高知県一若い親方」となる。興隆時には13人を従える規模まで戻したのもつかの間、その後、区画整理事業の補償算定方法の変更などにより曳家業だけで食べてゆけなくなり。

再び兼業にて、PA（音響）、特殊効果などを行う。転機は2011年3月の東日本大震災。液状化により傾いた家を直すために、千葉県浦安市 松崎秀樹市長（当時）から対策本部に招聘された。その後、宮城県から福岡まで全国を旅しながら曳家業を行っている。

それまで当り前と考えていた土佐派の曳家技術が他社と違いがあることに気づき、またその技術を支持してくれる伝統構法や宮大工が増えたことで四国在住時代とは全く違う依頼を請けられるようになる。

代表例は川越市うなぎ屋「小川菊」、石巻市雄勝町「モリウミアス」徳島県美波町 旧廻船問屋「たんにゃ」。

東日本大震災時の体験を書いた「曳家が語る家の傾きを直す沈下修正ホントの話」（主婦と生活社）、また建築系マンガ「解体屋ゲン」に実在の人物ながらセミレギュラー出演中。2022年には登場エピソードだけを集めた「解体屋ゲン 曳家岡本編1」（電書バト）も発売された。日本テレビ「真相報道バンキシャ」「心ゆさぶれ先輩Rock you」他メディア出演多数。

また全国の建築士会ほかで沈下修正各工法や古民家再生に関するセミナーも行っている。

2022年の先代との別れの言葉は
父　「現場はありゆうか?」

息子「明日から宿毛（高知県西部）に行くで。」

父　「そしたら早く帰って寝ろ。身体に気をつけてな」

ベッドに横たわり、目も開けらない状態で仕事のこと、息子の体調を心配してくれた父親の凄さに負けを感じたという。

一般社団法人千葉県建築士会　一般社団法人 建物沈下修正業者連合会に加盟（共に賛助会員）

好きな映画	セルジオ・レオーネ「夕陽のギャングたち」 クリントイーストウッド「グラントリノ」 ダニー・ボイル「イエスタディ」 ファラ・カーン「恋する輪廻 オームシャンティオーム」
好きな音楽	ケイト・ブッシュ、コクトーツインズ、Chromatics、 ルースターズ（特に安藤広一在籍時）、ブルートニック
好きな本	オルダス・ハックスレー「知覚の扉」 伊藤計劃　「虐殺器官」

曳家岡本 口伝
構造から直す本気の住宅再生

発行：2023年11月17日　初版第1刷発行

著者　岡本直也

発行所　株式会社創樹社
〒113-0032　東京都文京区湯島1-1-2 ATMビル
電話：03-6237-1175　FAX：03-6273-1176
https://www.sohjusha.co.jp/

書店販売　株式会社ランドハウスビレッジ
〒215-0003　神奈川県川崎市麻生区高石3-24-6
電話：044-959-2012　FAX：044-281-0276

印刷・製本　日経印刷株式会社

ISBN978-4-88351-154-9
定価1,980円（本体 1,800円+税10%）